機嫌よくいられる台所

家事をラクにするためのマイルール

はじめに

台所仕事をしていて、あーしんどいな、と思うことはありませんか？

時間のない中、日々同じことの繰り返しで、なにもかも面倒……。

それは、もしかしたら、台所でなんとなく感じている
「小さなストレス」によるものかもしれません。
ものの置き場所、使っている道具、台所の動線、調理の順序。
使いにくいなと思ったら、置き場所を変えてみるとか、
見た目に好きな道具を買ってみるだけでも、
気持ちがすっきりして、作業が楽しくなることもあるのではないでしょうか。

本書に登場する方々は、仕事でもプライベートでも日常的に料理をしている、
料理上手、段取り上手の代表選手のような６人です。

ところが、お話を伺ってみると、

「面倒なことはやりたくない」「ラクしたいからやっています」

「実は片付けが苦手」など、安心する言葉がたくさん返ってきました。

料理上手、段取り上手の裏側には、
自分が台所でいかに心地よく過ごせるかの「工夫」が詰まっていたのです。

本書では、６人の方々が長年かけて見いだしてきた台所のルールを
一般の人が実践できるように、なるべく詳しく、具体的にお聞きしました。
もちろん、生活スタイルや性格はそれぞれに違うので、
その人に合うこと、合わないことはあって当然。
「これならできそう」「これはすぐにやってみたい！」と思うことから始めて、
さらに自分なりの工夫を加えて、
少しでもラクになってもらえたらうれしいです。

台所は、家事をする人にとって「コックピット」のようなもの。
自分が舵《かじ》を取れる、好きなようにカスタマイズできる、自由な場所なのです。
本書を参考に、自分が機嫌よくいられる理想の台所をつくり上げてみませんか。

目次

私の台所マイルール

私の台所マイルール

共通コラム

高橋みどりさんの

「続けることが楽しくなる台所」

食べ物をよりおいしく、より心地よく楽しむために
趣向を凝らす「フードスタイリスト」という仕事があります。
料理に合わせて器を選び、食卓の装いを整える。
数々の料理本のスタイリングを手がける傍らで、
自身の暮らしと食への思いを
その言葉でも綴ってきた第一人者、高橋みどりさん。
30年超という台所とのつきあいの中で今感じるのは、
あるものを使い続けることの楽しさだと話してくれました。

高橋みどり

フードスタイリスト。栃木県・黒磯にある「tamise kuroiso」の店主でもある。１９５７年生まれ。女子美術短期大学で陶芸を専攻。のちにテキスタイルを学ぶ。イラストレーター大橋歩事務所勤務を経てフリーランスに。友人とケータリングの仕事を始め、のちに食を中心としたスタイリストとして独立。著書に『おいしい時間』（アノニマ・スタジオ）、共著に『沢村貞子の献立日記』（新潮社）など。夫婦ふたり暮らし。

Plein Soleil

暮らしはいつも台所とともに

台所は暮らしの中心。高橋さんにとって、その言葉にはふたつの意味があります。ひとつは、部屋の造りがそうなっていること。そしてもうひとつは、高橋さんの生活が台所を軸にして成り立っていること。食は生きる根本。だからこそ台所は、どこよりも身近で大切な場所だといいます。

この日伺ったのは、東京にあるご自宅兼事務所。元はイラストレーター・大橋歩さんの事務所だったというマンションの一室にお邪魔しました。かつて大橋さんのアシスタントを務めていた高橋さんがのちにこの場所を譲り受け、現在は夫である吉田昌太郎さんとふたり暮らし。2008年からは吉田さんの実家がある栃木県の黒磯にも拠点を持ち、東京と黒磯を行き来しながら日々を過ごしています。

「東京でも黒磯でも、私の暮らしはいつも台所

P12＿大のお茶党である高橋さん。台所の定位置からすぐに手が伸ばせる左奥の棚には、茶葉と道具を並べて／**P13右**＿沢村貞子さんのレシピで毎年作り続けているという「梅の酢漬け」。保存食作りはいろいろ試してきたものの、今も続いているのはこれだけだそう。青梅を米酢とはちみつに漬け込んだもので、酢飯にしたり、青魚を煮る時に加えたりと重宝している／**P13左**＿台所と食卓の距離はこれくらい。コンパクトだからこその利点を生かした使いやすい配置。

とともにあります。友人が来て一緒に食事をすることも多いので、もてなしつつ料理をしたり、会話をしながら片付けができるように台所を使うのが私のやり方。東京の台所はひと言でいえばコンパクト。キッチンとダイニングテーブルが近くて向かい合っているので作業がしやすく、便利です」

アイランドキッチンと収納は作り付けをそのまま使用。改装などはしておらず、元からある空間に自身の道具を収めました。台所をより自分らしく、快適に使うために工夫する。高橋さんにとってはそれが何よりおもしろいのだそう。

「暮らしとは続けること。食材にしても道具にしても、縁あって今ここにあるものを使い続けることでどんどん楽しくなってくるんです。必要なものをそのたび買うのではなく、まずはあるものでなんとかできないかと考えますね。不便な方が工夫する楽しみがあるということを、黒磯で学びました」

台所で過ごす時間がリズムをつくる

在宅の場合はほぼ1日を台所周辺で過ごすという高橋さん。目覚めるとまずは鉄瓶でお湯を沸かします。その後朝食と昼食を作り、3時にお茶を淹れ、夕方5時には夕食の支度をスタート。その合間に台所の横にある食卓で打ち合わせや原稿の執筆をしたりと、確かに台所で過ごす時間がリズムをつくり出しているようです。

「食卓で仕事をしながらすぐ横のカウンターで豆を煮ている、なんてシチュエーションもしょっちゅうあります。東京と黒磯では体が欲するものが違うみたいで、東京では和食を作ることが多いですね。朝はごはんを炊いて、みそ汁を作るのが基本。夜は乾杯のお酒から始まり、野菜料理が中心。野菜のオイル蒸し(72ページ)は、季節の素材を使い、ほぼ毎日作ります」

反対に黒磯では、近所のパン屋で焼きたてのバゲットを求め、パンとコーヒーとサラダの朝

食。夜はワインとスターターのチーズなどから始めて、炭焼きの肉や地元の新鮮野菜を味わう日々。今日は何を作って食べようか。その日を暮らすエネルギーが台所で生まれ、そして育まれるのだと改めて実感するエピソードです。

「使い続けることで楽しくなることに加えてもうひとつ、やり続けることで楽しくなることもあります。それが『段取り』。これは頭で覚えても無理で、回数を重ねるしかない。私はケータリングとスタイリングの仕事を通して身につけてきました。先を見越して手を動かすと全体の流れがよくなって、ますます台所に立つのが楽しくなる。調理をスムーズにするために下準備をして、片付けをラクにするためにその都度洗い物をして、というふうに」

台所で過ごすことが楽しい。そう話す高橋さんのように、単なる家事をこなす場としてではなく、暮らしの醍醐味を味わう空間だと思えたら。作って食べるというそのことが、いっそう豊かに感じられるようになるかもしれません。

「ひとり暮らしを始めた頃からずっと、基本の道具は変わっていないんです」と高橋さん。当初から一貫して、鍋釜類は増やさないよう心がけていたそう。自分で使い込んでいきたいから、古いものより新しいものが好きだという言葉通り、30年以上前に購入したアイテムを今も愛用しています。

炊飯に使っている「クーザンス」の鉄鍋は、ぴったり合うせいろをセットして、蒸し料理にも使用。デザインが気に入って購入した1人用土鍋は、深さがあるのでお粥や湯豆腐にちょうどいい。小ぶりな雪平鍋は、朝食のみそ汁用。ほかにも、サイズ違いを入れ子で収納できる「クリステル」の鍋、鉄製の片手中華鍋も必須。使い続けることで愛着も深まります。

私の台所マイルール

1 使い勝手のよいものを長く使う

右下から時計回りに「Zakka」吉村眸さんの鍋つかみ、会津のマタタビざる、雪平鍋、「クーザンス」の鉄鍋とせいろ、1人用の土鍋。

2 手ぬぐいを使い回す

シンクの横に置かれたワイヤーのカゴには、きれいに折りたたまれたたくさんの手ぬぐいが。たたんだり広げたりして多用途に使える上、洗いやすく乾きやすい、おまけに好きな色柄を選ぶ楽しみもある。そんな使い勝手のよさに惹かれるといいます。

作業の後の手拭き以外にも、お茶を淹れた時に急須の下に敷いたり、炊飯時に蓋と鍋の間に挟み、水分がごはんに落ちるのを防いだり、来客用のおしぼりになったりと、あらゆる場面で大活躍。

湿り気を感じたらすぐに取り替えるため、1日でカゴ半分の量を使う日もあるそう。自宅にいる時は日に2〜3回は洗濯機を回すほどの洗濯好きという高橋さんのスタイルに、手ぬぐいはぴったり。

3 ファミリー別に収納する

流し下の作り付け収納は、上部に引き出し、その下に観音開きの扉付きの棚という仕様。最も取り出しやすい位置の引き出しにはカトラリーが収められていました。

中は「無印良品」のプラスチックケースや籐のカゴで細かく区分けされ、フォーク、金属製や木製のスプーン、ナイフ、箸、箸置き、包丁と、取り出しやすく戻しやすい「ファミリー別」収納に。大きなケースの中に小さなケースを入れることで、さらに細かく区分けできるようになっています。

ほかにもラップや保存袋などのビニール関連のアイテムは同じ引き出しにしまうなど、バラバラにせずジャンルを揃えて収納しておくと、必要なものが探しやすく作業がスムーズに進むそう。

4 常備食は在庫が見えるように

2020年3月に始まった、新型コロナウイルス感染症の流行による外出自粛。買い物に出かける回数を極力減らして自宅で過ごすという2か月を経て、食に対する意識に変化が生まれたといいます。「フードロスをより自分の問題として考えるようになりました。ついつい買いすぎる食材、いただいたまましまい込んでいた食品、期限切れになった乾物などの買い置き。これを機に、悪しき習慣を正して家にある食材在庫を把握しようと思い、目につかない場所にしまうのはやめようと決めました」

何がどれだけあるかがひと目でわかるよう、ケースに入るだけと決めてストックを用意。乾物や調味料の買い置きも同じ場所に収納することで、使い勝手もアップ。

5 下準備のボウルをセットしておく

「料理の下準備に使う基本セットはこれです」と高橋さんが取り出したのは、ざるとボウルが重ねられた下ごしらえセット。

アルマイトのざるにカフェオレボウル、ほうろうの蓋付きボウル、片口のステンレスボウルなど、素材と形が少しずつ異なる小ぶりのものが全部で9点。入れ子ではないですが、ひとかたまりにして収納しておけるのが利点です。

「統一感はないものの、旅先で買ったものや若い頃に買ったもの、いただいたものなど、それぞれに思い出があります。道具は必要最低限、あるものでなんとかするのが私の理想」

台所で料理を始める時の第一歩は、このセットを取り出すこと。気持ちのスイッチが入る瞬間です。

カットした食材は蓋付きボウルに入れると、
スタッキングができて場所を取らず便利。

6 材料の下準備ができていれば後がラク

料理の段取りをよくするためにしておくことは、何より、材料の下準備。料理を始めるまでに材料を切る工程をすべて済ませておくと、作る流れは格段にラクになるといいます。

「使う材料を切って、それぞれ別個にボウルに入れておく。隙間の時間でもやっておけるので、料理が大変じゃなくなるんです。これ入れようと思ってたのに、という使いそびれも防げるし」

この日作るのはきんぴらごぼうと、ひじきと油揚げの煮物。ザッザッザザッと小気味いい音を立てながら、極細のせん切りができていきます。どちらにも入るにんじんは切り方を変え、ごぼうは水にさらすなど、食材それぞれに合わせた下準備が段取りの鍵。

7 こまめに洗い物をする

料理中も食事中も、高橋さんはこまめな洗い物を欠かしません。使った道具はその都度洗い、食事が始まる時にはシンクの中はすっきり空っぽ。食前食後を問わず、流しに洗い物がたまっていることはほぼないといいます。また食事の最中でも片付いた皿はサッと流しに下げ、残りわずかになった大皿料理を小皿に移し替えるなど、見た目にも気分のいい状態をキープするよう心がけているのだとか。

「やりっぱなしにしないのはケータリングの仕事をしていた頃からの習慣です。作る、食べる、片付けるという一連の動作を気持ちよくやりたいから、たまる前に洗う。中途半端におかずが残っているとまずそうな印象になるし、目にも美しくないから、盛り付けも頻繁

にし直します。最終的には最初よりも3段階くらい小さくなる。夫とふたりで食事をする時はもちろん、お客様がいらした際にも同じようにしています。お酒の酔いも手伝って、みんな、これは新しい料理かな?と思うみたい(笑)」

食卓に対面して台所があるため、洗い物をしながらでもテーブルにいるご主人やお友達とコミュニケーションが取れる。そんな部屋の仕様も高橋さんのやり方に合っている様子。食後にまとめて大量の食器や器を洗うのはイヤだからと定着したスタイルだそう。

「食器を洗う人が『私ばっかり働いている』という気分になるのは避けたいんです。そうすると『やってあげている』気持ちになってしまい、お互いに楽しくないから」

8 お手入れにたわしは必須

調理道具同様、お手入れもできるだけシンプルにというのが高橋さんの考え方。欠かせないアイテムはたわしだといいます。主な用途はざるとまな板を洗うこと。網目や木目に沿ってガシガシと洗うのが気持ちいいのだとか。

「特にまな板は、スポンジでこすると汚れをすり込んでしまいそうな気がするんです。たわしなら木目の奥まで入り込んで汚れを掻き出せるから、汚れも気持ちもすっきり。まだ使っていないという人は、ぜひ一度試してほしいです」

小ぶりで手になじみやすい「無印良品」のたわしは、洗い物だけでなく、野菜の泥落としにも重宝しているそう。使った後はよく洗って水気を切り、シンク前のケースにスポンジと一緒に収納。

9 器はクロスの上で乾かす

陶器やガラスなどの繊細な食器は、高橋さんにとって大切なもの。金属の洗いカゴに重ねて入れると、くずれて割れたり欠けたりしてしまうことがあるので、厚手のクロスの上で乾かしています。ガラスは口を下向きに置いて水が切れたらふきんで拭き、上に向けてさらに乾かします。器は少しずつずらして重ねることで、空気の通り道ができて乾きやすくなります。

「土ものは水分を吸っているから、絶対にその日のうちにはしまいません。一晩そのまま置いて、翌朝にしまう。表面上は見えなくてもカビが発生しやすくなるし、器にとって湿気はよくないから」

ただし、鍋やボウル、ざるなどの道具は、洗ったらすぐに拭いてしまうため、洗いカゴで水切りを。

10 炊きたてのごはんのために手は抜かない

何はなくともおいしいごはんがあれば幸せ。炊きたてのごはんが何より好きだという高橋さん、そのためならば手間は惜しみません。自炊を始めた当初から、炊飯器を持たずに、どんな鍋でもおいしくごはんを炊けるようになるのが目標だったそう。

「私の料理は、素材を切って焼くか、煮るか、蒸すかの簡単ごはん。面倒くさいと感じることはやりません。でも、これさえやればおいしくなるということは手を抜かないし、それを面倒だとは思わない。ごはんを炊くのはその最も代表的なひとつです。30年やり続けていると、炊けたというタイミングはにおいでわかる。タイマー要らずですね。おいしく炊ける方法を試行錯誤することがおもしろいから、炊飯はもはや楽しいと思える境地。それでも炊き上がりの具合は毎日違って、完璧！と自画自賛する日もあるし、慌ててたからなぁと反省する日もあります」

炊飯中の噴きこぼれもなんのその。おいしいごはんの方が大事だからと気にしません。外に仕事に行く日の朝は炊きたてごはん、と決めているそう。

高橋さんのごはんの炊き方

① マタタビざるに米を入れてとぎ、水を切る。
② ボウルに上げ底をして①をのせ、20分ほど置く。
③ 鍋に米と水を入れて火にかける。最初は強火で、沸騰したら弱火で10～15分炊く。
④ 火を止め、15～20分蒸らす。蓋を開けて鍋底から返すように混ぜ、おひつに移す。

1

2

3

4

共通コラム

愛用のふきんと洗濯法

台所仕事に欠かせないふきん。
食器拭きと台拭きに何を使っているか、
使った後のふきんをどう洗濯しているか、
愛用品とケア方法を伺いました。

好みの柄のキッチンクロスと手ぬぐい（高橋みどりさん）

旅先や仕事先で購入したキッチンクロス（奥）と手ぬぐい（中央）を併用。湿ってくるとすぐ取り替えて、洗濯機でこまめに洗濯します。古材のテーブルに綿のふきんを使うと糸が引っかかるので、台拭きには不織布（手前）も。

「びわこふきん」とヒバ蚊帳ふきん（ワタナベマキさん）

「びわこふきん」（右）を食器拭きに、ヒバ精油を配合した蚊帳ふきん（左）を台拭きにしています。食器拭きはタオルと一緒に洗濯機洗い、台拭きはお風呂に入る際に手洗いし、2か月に1度くらいのペースで塩素系漂白剤につけて漂白を。

「びわこふきん」と蚊帳ふきん、大判キッチンクロス（福田春美さん）

台拭きは「びわこふきん」や濃いグレーの蚊帳ふきん（右）、食器拭きは大判のキッチンクロス（左）を使用。台拭きはお湯と食器用洗剤を入れた容器に入れてつけ置き。次に台所に立つときに水で洗い、木製のピンチハンガーに干しておきます。

台湾製のふきんと厚手のリネン

（藤原奈緒さん）

台湾の市場で購入したふわふわのふきん（左）を台拭きに。1日1枚洗いながら使って、汚れが気になったら漂白します。食器拭きのリネンクロス（右）は旅先やイベントで見つけて購入したもの。洗濯は衣類と一緒に洗濯機で。

「白雪ふきん」と「フキンソープ」

（坂井より子さん）

蚊帳素材の「白雪ふきん」を愛用しています。水分の吸収がいいのに汚れが落ちやすく、乾きやすいのがお気に入り。台拭き用（左）と食器拭き用（右）で分けて使い、夕食後に固形石けん（左手前）で手洗いしてラックに干します。

手ぬぐいのはぎれとペーパータオル（山﨑瑞弥さん）

食器拭き、手拭きには「あひろ屋」の手ぬぐいのはぎれセットをネットで購入しています。通常の半分サイズがちょうどよく、すぐ乾くところも便利。水で下洗いしてから、「エコベール」のランドリーリキッドを少し入れて手洗いし、洗濯機で脱水してから干しておくと、翌朝にはパキッと乾いて気持ちがいい。湿ったふきんを置いておくのが苦手なので、テーブルやシンクの汚れはその都度ペーパータオルで。

福田春美さんの「動かなくていい台所」

私たちの暮らしはさまざまなものに支えられています。
仕事を助け、空間を彩り、心を和ませてくれる、
そんな日用品や雑貨を作る数々のブランドやお店で
総合的な演出を手がけているのが、福田春美さん。
「ブランディングディレクター」として活躍しながら、
住まいや料理を自分流に楽しむことを実践してきました。
たくさんの台所道具や器類が所狭しと並んでいる
インテリアショップのような台所の秘密に迫ります。

福田春美

ブランディングディレクター。北海道生まれ。セレクトショップのバイヤーやプレス、アパレル企業のクリエイティブディレクターなど、ファッション業界で活躍したのち、渡仏。3年半のパリ暮らしを経て帰国し、ライフスタイル全般を手がけるブランディングディレクターとして活動を開始。地元・北海道のクリエイターやクラフトに光を当てるプロジェクトにも関わっている。著書に『ずぼらとこまめ』(主婦と生活社)。ひとり暮らし。

ここにこれがあると便利、で決める

食事を作って食べるだけでなく、友人たちを招いて料理をふるまったり、仕事の打ち合わせをしたり、デスクワークもダイニングテーブルで行う福田春美さん。台所で過ごす時間が長いからこそ、自分にとって何が快適なのか、どうすれば使い心地がよくなるのかを常に考え、アイディアをひとつひとつ形にしてきました。その工夫の証が、ありとあらゆる道具が楽しげに、かつ美しく並んでいるこの台所です。ディスプレイの基準を聞くと「なるべく動きたくないので、使いたいものにすぐ手が届くようにしているだけ」と笑いながら教えてくれました。

「ここにこれがあると便利だな、あるいはここにこれがないのは不便だな、という感覚を頼りにものの場所を決めています。使う順番通りに置いてあれば動線がスムーズだし、私の場合は整頓されすぎているとものが出しにくく、戻し

P34＿食器棚の上に取り付けたオープン棚には、スパイス類がずらり。スプーンやフォークなどのシルバー類は、種類ごとにガラスの瓶にラフに入れて／**P35右**＿生ごみは「松野屋」のアルマイトざるに入れてから水を切ってごみ袋へ／**P35左**＿福田さんがディレクターを務めた「クリンスイ」のガラス浄水器。新潟のガラス職人によるもので、浄水機能もトップクラス。

にくく感じてしまうから」

　福田さんの台所での定位置はワゴンとシンクの間。一歩進めばコンロの前、反対に進めば冷蔵庫の前という場所に起点を置いています。火を使うエリア、水を使うエリアには、それぞれの作業で使用する道具を収納。このようにゾーニングすることで、一歩動いた先でまたとどまり、効率よく作業ができるのだとか。使用頻度の高いペーパータオルやラップといった日用品も棚にしまい込まず、あくまでも使いやすい場所に置くのが福田さんのやり方です。

「食器用洗剤などもそうですが、最初は好きなパッケージのものを選ぶといいと思います。そうすると出しっぱなしにできるでしょう？　隠したくなるものは選ばない。それだけで台所の景色がぐんとよくなりますよ」

　自分が本当に好きなものを選ぶことで、見た目も自然と整う。福田さんの台所が機能を優先しながらも心地よい景色をつくり出している秘密は、その辺りにあるようです。

台所は今までの自分の積み重ね

利便性を高めるための工夫に手間を惜しまない福田さんですが、これはひとえに苦手な家事をラクにするため。イヤだからといってやらずに済むわけではない「片付け」と「掃除」を、少しでもストレスなくやるためのスタンスを聞いてみると、「できない自分を許してあげること」という言葉が返ってきました。

「完璧にやろうとすると疲れちゃうから、できない時はできなくていいと割り切っています。例えば料理中に使った道具の洗い物を、後回しにしてしまうことがある。でもだからこそ、汚れを落としやすいよう洗剤水につけておくという発想が生まれるんですよね。どんなに後片付けが面倒でも『あの大事な漆の汁椀を洗わずに寝るわけにはいかない！』と思えば、最後のひと踏ん張りがきくこともある。いつでもちゃんとやらなくちゃと思う必要はないと思うんです。

最近気に入ってよく作っている「ラムしゃぶ」。薄切りのラム肉と好きな野菜をせいろで蒸し、ポン酢を蒸し汁で割って食べる。おもてなしにも、自分ごはんにも。

できる日もできない日もあって、平均60点くらいでいいんじゃないかな」

どんな台所をつくるか。それはもしかしたら、どんな料理を作るかという問いにも直結しているかもしれません。福田さんが常日頃、自分のために作る「冷蔵庫にあるものを使った手早くおいしく食べられるごはん」もまた、完璧ではないからこそのライブ感を楽しむもの。

「作りたての温かいものが食べたい。油っぽくなくお肉が食べたい。すごくおなかが空いたから、10分後には食べ始めたい。自分が何をどう食べたいかと考えて、ひらめきで作るのが楽しいんです。思い立ったらすぐに作れるように、使いやすく道具を並べて、好きな味の調味料を揃えて、下ごしらえや作り置きをしておく。そう考えると台所って、今までの自分の積み重ねなんですよね」

快適に動けて、おいしく作れる、自分のための場所が「台所」。福田さんの台所がオンリーワンな理由、わかったような気がします。

私の台所
マイルール

1
S字フックでベストな位置に吊り下げる

「この道具はここに置きたい。その希望を叶えてくれるのがS字フックなんです」という福田さん。台所には大小さまざまなアイテムがS字フックに吊り下げられています。あるものは天井から、あるものはレンジフードから、あるものは壁に設置したバーから。空間全体を自由に使い、ものを見せつつ収納する。このアイディアの実現には、確かにS字フックが一役買っているよう。

「どこにでもかけられて、とにかく手軽。私には欠かすことのできない必需品ですね。見たことのないS字フックを見るとつい買ってしまうくらい。今のような形で使い始めたのは、仕事でお店の棚をディスプレイしてきた経験があったから。限られたスペースにひとつでも多くのものを置き、かつそれらを見栄えよく並べるにはどうすればいいかということをずっと考えてきました。お店では売れ筋や新商品を目立たせる工夫をしながら配置していましたが、ここはわが家。だから基準を『この道具をこの場所のこの高さに置くと使いやすい』に絞って決めています」

シンク前のバーには台拭きやスポンジ、たわしなどの干して乾かしたい道具が、レンジフードには鍋やフライパン、カッティングボードなどのよく使う調理器具が並びます。ものの出し入れをせず、ベストな位置に固定することでかえって機能性が増す。なんとも斬新なこのアイディア！　収納という概念が、なんだかガラリと変わってしまいそうです。

Frosch

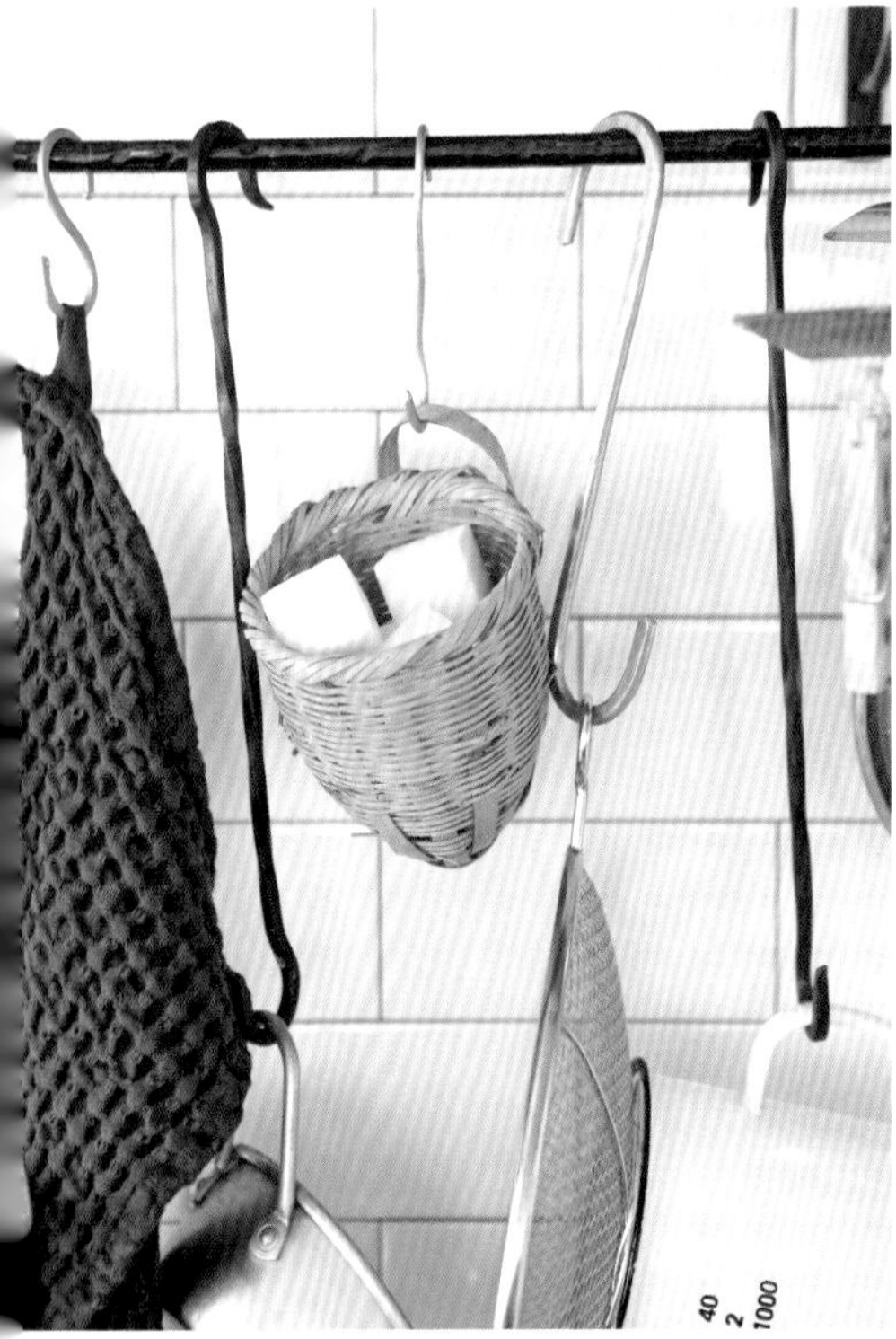

2 掃除道具は手の届く場所に置く

ちょっとした水はねや、ほんの少しの黒ずみ。ピンポイントで、今、ここだけ磨きたい！という時のために、福田さんはメラミンスポンジをシンクの前に常備しています。あらかじめある程度の大きさにカットしておき、使う時はそれをさらに必要な分だけちぎって使う。これなら手軽にサッと洗うことができる上、洗剤も必要ありません。手の届くところに掃除道具を置くことで、面倒だと思うヒマもなく掃除ができてしまう。これまた機能的なシステムです。

「最小限の量をちぎって使うので、使い終わったらごみ袋へ。衛生的でノンストレスなところも気に入っています。スポンジはそのまま見せず、小さなカゴに入れることで見た目も心地よく」

3 台所のサイズに合わせて道具を選ぶ

食器の水切りカゴには、ほうろうのバットを活用。中には100円ショップで購入した金属網が敷いてあり、さらにステンレスとアルミのカップが入っています。カップは木製と金属製のカトラリーを種類別に立てて入れられるよう注文して作ってもらったもので、しっかり水が切れるよう、底が網仕様に。またバットがふたつ置いてあるのは交互に使うためで、これならひとつを使っている時でも、ストレスなく次の洗い物ができるといいます。

「シンク横の作業スペースに合う水切りカゴを探していたら、手持ちのバットがちょうどいいサイズだと気付いてこの形態になりました。小ぶりなので水切りカゴ自体を洗うのもラクなんです」

4 バット、ボウルは重ねない

包丁を使ったり粉をこねたり、いわゆる作業台として福田さんが愛用しているのが、「イケア」のステンレス製ワゴン。そのため調理の過程で必要になるバットやボウルはこのワゴンの下に収納されています。特徴はそのしまい方。重ねてしまうと下にあるものが取り出しづらいからと、バットはブックエンドを仕切りにして立てかけて並べ、ボウルは大きなカゴの中にラフに積み重ねてありました。

「扉を開ける、たたむ、重ねるが苦手なんです。重ねて収納すると、全部を一度取り出して取りたいものを出してから、ほかのものはもう一度重ね直してしまわないといけないじゃないですか。これならただ突っ込むだけでいいから、取るのもしまうのも簡単！」

5 ざるは乾かしながら収納

自然素材のカゴやざるは湿気が大敵。よく乾かしてからしまう必要がありますが、福田さんはそれを逆手に取り、乾燥させる過程をそのまま収納に早変わりさせています。その場所とは、なんと天井。正確には天井と天井に取り付けたパイプにぶら下げた大きな金属製のカゴの中です。

ここに洗って水気を拭いたカゴ・ざるを入れるだけの、福田さんいわく「収納するだけで乾く」システム。天井付近は意外とホコリがたまりにくく、使う前に水通しするだけでOKなのだとか。さらにカゴの網目にもS字フックを吊り下げて収納力をアップさせ、こちらにもしっかり乾燥させたいせいろや木べら、巻き簾などを吊るして定位置をつくっています。

6 食器は使う順番に並べる

福田さんの台所の定位置はコンロの前。背中側には「イケア」のワゴンが置かれており、火を使うのも包丁を使うのもこの場所からほとんど動かずできるようになっています。この立ち位置からサッと手を伸ばしたところにあるのが、食器棚。器を何枚も重ねて収納しなくていいよう、棚板の間隔を通常よりも狭めて大工さんに作ってもらいました。

食器棚の中の器の並べ方のルールは、ずばり使う順番。

「一番近い手前上段には味見用の小皿、その横に汁椀や飯碗、中段手前にはワンプレートで使える平皿、最も離れた奥の下段には来客用の大皿といった具合に、順番と頻度を考えていくうちに、現在の位置に落ち着きました」

シンク前の壁に取り付けた棚の上は、料理中、食事中ともに目につきやすい特等席。福田さんはこの場所にお気に入りの器を並べ、ギャラリーの役割を持たせています。セレクトの基準は「人に見せたい」ことと、「自分で眺めたい」こと。

「器はもちろん、鍋などの調理道具からスポンジひとつに至るまで、購入するものは見た目にストレスのない形と色を選ぶようにしています。SDGs12番目の目標である『持続可能な消費と生産のパターンを確保する』にも通じますが、見た目がいいものを持つことは捨てないで済むということでもある。ひとつのものを大切に長く使い、かつごみを増やさないためのアクションだと思います」

7 見た目が好きなものを選ぶ

8 肉や魚は塩と酒で洗う

肉と魚をよりおいしく食べるためには、塩と酒で洗うこと。叔母さんから教わったこの方法を試すようになって料理の幅が広がったと福田さんはいいます。

「特に安売りの肉や刺身用に切られた魚、少し古くなってしまったものには効果てきめん。気になるくさみが消えるだけでなく、旨みも確実にアップしますよ」

すぐに食べない場合は、水気を切ってラップで包み、冷蔵庫へ。新しいものであればそのまま3日程度置いておくと熟成され、さらに味わい深くなるそう。

「どの肉のどの部位でも、薄切りでもかたまりでも、やり方は同じです。えびなど殻付きのものはまず殻ごと洗い、身を出してからもう一度洗うとツヤツヤに。その日のうちに食べる場合でも、冷蔵庫で少しやすませる時間をつくってあげることで、味がなじんでおいしくなるんです」

魚の場合は、酒で湿らせた昆布で挟んで昆布締めにするのもおすすめ。買ってきたまま置いておくより、持ちがよくなります。

福田さんの肉の洗い方

①ボウルに肉を入れ、塩大さじ1と酒50㎖をふりかける。
②手でやさしくもみ、塩と酒を肉になじませる。
③水を入れてやさしく洗う。
④ざるに上げて汚れた水を捨てる。
⑤水を取り替えながら、透明になるまで2～3回洗う。
⑥ざるに上げて水を切る。

1

2

3

4

5

6

9 調理中のツールはポットに入れる

菜箸、おたま、木べらなど、調理中に使用するツールをどこに置くか。これも長年、気にかかっていたことでした。そこで考えたのが、やや重さのあるほうろうのポットをコンロの横に置き、一時置き場にすること。使用中のツールを入れることで、調理がスムーズになり、見た目もすっきりしたといいます。さらにもうひとつ、シンクの中にも同じようなポットを発見。こちらは使い終わったツール用。中には洗剤を入れた水が入っていて、つけておくと汚れが落ちやすいそう。

「重さのあるものだと、長めの道具をたくさん入れても倒れない。だから重さと高さがあるものを探しました。作業台もシンクもごちゃごちゃせずに使えて快適です」

右奥から時計回りに、自家製のかえし、塩ちりめん山椒、なすみそ炒め煮、フルーツ調味料、干物のオリーブオイル漬け。

10 作り置きは「使えるもの」だけにする

基本的に作り置きはしないという福田さんですが、「これだけはよく作っている」というものを見せていただきました。焼いた干物をみじん切りにしてオリーブオイルを注いだオイル漬けはパスタや野菜炒めの具に。フルーツ調味料は果物を砂糖とスパイスで煮たもので、カレーの付け合わせやドレッシングに加えて。塩ちりめん山椒は、ゆでて冷凍しておいた実山椒としらすを塩で炒め煮にしたもの。

特に自家製のかえしは欠かせない存在。みりんを煮立たせてアルコールを飛ばし、同量のしょうゆを加えて数日寝かせます。出汁を加えてめんつゆに、ごま油と混ぜてドレッシングにとフル活用。

「あるものでちゃちゃっと作る普通のごはんが一番好きなんです」

共通コラム

愛用のスポンジ&食器用洗剤

ここ数年で食洗機が浸透してきたとはいえ、まだまだ手洗い派も多い食器洗い。6人6様、それぞれの好みに合ったスポンジと洗剤があるようです。

こざっぱりしたスポンジとたわし&
「ミスターQ」(高橋みどりさん)

スポンジとたわしは小さめで飾り気のないものを。洗剤は友達からすすめられた「ミスターQ」を愛用。リキッドタイプの洗剤だとついたっぷり使いすぎてしまうけれど、この固形の石けんは無りんで、スポンジで1〜2度こするだけなのがいい。

「ラバーゼ」のスポンジ&
「a day」のディッシュウォッシュ
(福田春美さん)

いろいろ試してみたけれど、洗う強さ、密度、サイズ感、どれを取っても「ラバーゼ」が一番洗いやすい！　黒は油汚れ、白はガラスや木を洗う時にとふたつを使い分け、長年愛用しています。食器用洗剤はディレクターを務める「a day」、もしくは「フロッシュ」を。

手編みのアクリルたわし

（坂井より子さん）

自分で編んだアクリルたわしを使っています。そのとき目についた毛糸を使うので、色も形もいろいろ。時間がある時に編んでおいて、へたったらすぐに新しいものが使えるようにストックしています。油汚れには洗剤を使うことも。

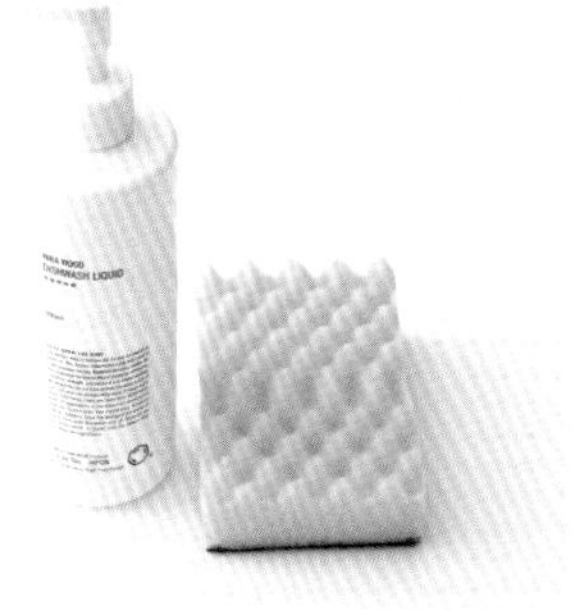

「キクロン」のスポンジ＆ヒバ液体石けん

（ワタナベマキさん）

スポンジは昔ながらの「キクロン」を愛用。食器は黄色い部分で、こびりついた汚れは裏面の緑の部分で洗います。鍋を洗う時には金だわしも。食器用洗剤は青森ヒバ精油を配合した「カルデサック」の液体石けんが最近のお気に入り。

「ズビズバ サラッシュ」＆環境にやさしい洗剤

（山﨑瑞弥さん）

常に10個以上ストックしているのがこの網たわし。ガラスも鍋も皿もこれひとつで洗え、乾きが早くて衛生的なところが気に入っています。洗剤は肌と環境にやさしそうなものを数種類購入して、気分で使い分けています。

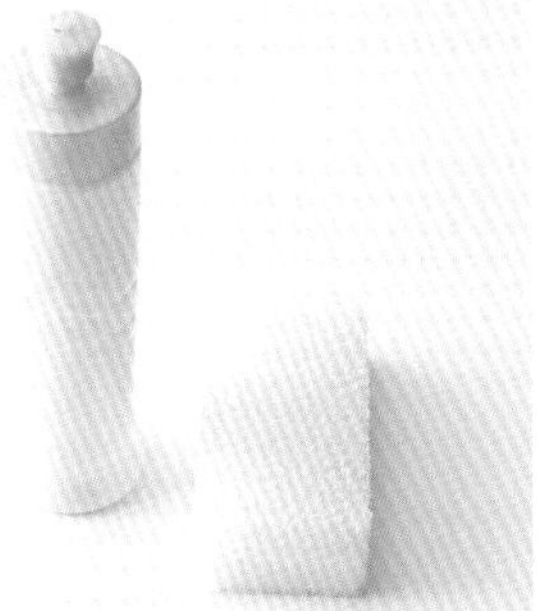

「無印良品」のスポンジ＆普通の洗剤

（藤原奈緒さん）

身近にあって、いつでも手に入るものを使っています。洗剤は香りのないものを。パッケージのビニールを外して、シンプルな白い状態で置いておけば見た目も気になりません。店では食器洗浄機と食洗機用の「ヤシノミ洗剤」が定番です。

ワタナベマキさんの「整理された台所」

手に入りやすい食材を使い、お金と時間をかけすぎず、家族の健康と栄養バランスを考えて日々の食事を作る。そんな台所を預かる主婦の仕事をさまざまに支え、サポートしてくれるのが「料理家」の存在です。レシピのみならず献立の考え方や器選びなど、料理にまつわる家事全般の実践を広く提案している、ワタナベマキさん。料理のプロとして、母として、コンパクトに整理された台所を見せていただきました。

ワタナベマキ

料理家。グラフィックデザイナーとしてデザイン事務所に入社。自らの提案で始めたスタッフのお弁当作りが評判になったことをきっかけに、「サルビア給食室」としてケータリングや雑誌の仕事をスタートさせる。その後、本格的に料理の道へ進み、数多くの料理本を出版。近著に『ほったらかしでおいしい！蒸しレシピ』（学研プラス）『疲れないからだになる 鉄分ごはん』（家の光協会）など。夫と中学生の息子と3人暮らし。

出しっぱなしよりも、しまう方がラク

家族の食事を作る場所であり、同時に料理家として仕事をする場所でもある。ワタナベマキさんにとって台所は、人生に欠かせない相棒のような存在です。どこよりも過ごす時間が長い場所だからこそ、使い勝手のよさと居心地のよさをどちらも大切にしたい。さまざまな試行錯誤を経てたどりついた形が、すっきりと片付いた空間だったといいます。２０１９年にリフォームしたばかりというご自宅の台所を見せていただきました。

「自宅兼スタジオなので、最優先事項は使いやすさでした。ただ家族のリビング空間でもあるので、あまりスタジオっぽくなりすぎないようにもしたかったんです。それで考えたのは、道具をできるだけ出しっぱなしにしないで済むようにしようということ。いわゆる『見せる収納』って、センスがいるんですよ。見栄えよく

出しっぱなしにするのは難易度が高いから、私にとってはしまう方がラク。道具を見直して厳選し、それぞれを使いやすくしまえる場所を決めながら、空間全体をつくっていきました」

　料理家のキッチンスタジオというと、飲食店の厨房のような広い空間を想像する方もいるかもしれません。でもワタナベさんの台所は、一般家庭でも見られるようなシンプルなアイランド型。作り付け収納は最小限で、よくある吊り戸棚もありません。このスペースに台所道具と調味料のほぼすべてが収まっているなんて！

「シンク下には調味料とジューサー、ミキサー。アイランドの作業台下の引き出し上段にはガラス瓶に入ったお茶とスパイスを。中段には撮影で使う食器の一部と、バット、ボウル。下段には鍋。これが今のおおよその配置ですね」

　シンクの右奥にあるたくさんの壺（59ページ写真）には、海水塩や岩塩など国内外の数種類の塩が。和食には日本の塩、洋食には外国産の塩を使うと、味の相性がいいそうです。

使いながら育てるのがおもしろい

必要な道具を、限られたスペースに、機能的に収める。そのためにワタナベさんが実践しているのが「持ちすぎない」「道具を選ぶ基準を持つ」ことだといいます。

「増やしすぎないようにというのは常に意識しています。不要になったものはスパッと処分。道具は使ってみないとわからないから、30代の頃はいろいろ試しました。減らせるようになったのは、40代で本当に必要なものがわかってから。選ぶ基準は使いやすさと見た目のバランスです。道具は見た目も大事ですよね。素材や色みを揃えて統一感を持たせるとすっきりして気持ちがいいし、サイズが揃っていれば収納もしやすい。逆に作家の器など、一点ものでデザインが好みのアイテムは、用途と置き場所を決めてから買うことで、インテリアのアクセントにしています」

鍋やバット、ボウルなどの実用品はベーシックで統一感のあるものを選び、そこに存在感のある小物をプラスして置いて遊び心を加える。確かにそんなメリハリのつけ方が、ワタナベさんの台所の魅力のひとつといえそうです。

「もし道具を選ぶのに迷ったら、手入れのしやすさや丈夫さで決めるといいと思います。一度使ってみると、業務用にステンレスやアルミ製品が多い理由が実感できるはず。台所道具って、使いながら自分で育てていくところがおもしろい。使い続けるうちに自分の暮らしにフィットしていくんです。道具だけでなく台所そのものも同じですが、私は、自分が楽しく使うためにはどうすればいいかをいつも考えています」

スムーズに動きやすく、快適に料理が作れること。その場所で過ごすのが心地よいと感じられること。それを踏まえつつも「常に最終形ではない」という、ワタナベさんの台所。その時々で使いやすいように変化しながら、今日もたくさんのおいしい料理を生み出しています。

私の台所マイルール

1 道具は小さいものを使う

「包丁、まな板、鍋。調理道具は小さいものを使うことが多いですね」というワタナベさん。見せていただくと確かに、いずれも女性の手にフィットしやすそうな小ぶりサイズ。シンク横の作業台に置いても場所を取らず、圧迫感がありません。中でも愛用しているのが、刃渡り15センチの「吉實《よしざね》」のペティナイフ、18センチ四方の正方形のまな板、直径15センチの「クリステル」の片手鍋。ペティナイフは「グローバル」のステンレス製のものもおすすめだそう。

「手があまり大きくないので、その方が使いやすいんです。うちは3人家族なので、1食で作る量がそんなに多くないということもありますね。小さめの鍋やフライパンがちょうどいい。普通、大は小を兼ねるというけれど、私にとっては逆で『小は大を兼ねる』なんです。小さくて使いやすい道具で料理をする方がラクだし、仕事でたくさんの量を作る場合でも、慣れた道具で作る方がやりやすいから。大きいものを使ったこともあったけれど、重いし場所を取るしで、結局使わなくなってしまって」

最初は使い勝手が主な理由だったものの、実は後になって、それが収納にとってもプラスだったということに気付いたそう。

「道具が小さければ収納場所も小さくて済みます。だから台所全体がコンパクトになる。スペースが小さいほど、どこに何があるか把握しやすくなるでしょう？ そうすれば自然と、料理がしやすい台所になっていくと思います」

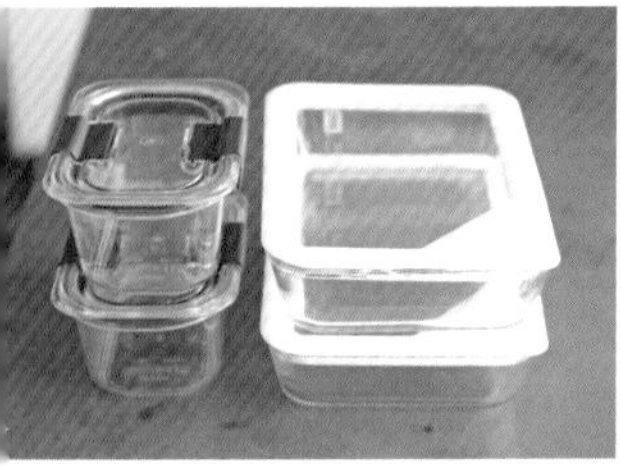

保存容器は「ラバーメイド」（左）や「パイレックス」（右）を使用。スタッキングできて中身が見えるのが便利。

2 スタッキングできるものを選ぶ

アイランドの作業台の引き出しには、重ねられたバットとボウルがズラリ。下ごしらえから完成まで、料理のあらゆる過程で活躍するこのふたつの道具は、ワタナベさんにとってなくてはならないアイテムです。数も大きさも豊富に揃えておく必要があるからこそ生まれたマイルールは、「スタッキング（積み重ね）ができる」こと。

「重ねることで場所を取らずに収納できるんです。バットは『無印良品』、ボウルは『コンテ』を愛用中。以前はほうろうを使っていたけれど、使う頻度が高いからすぐに欠けてしまって。それで今、少しずつステンレスに移行しています。いつでも買い足せるように定番のものを選ぶと、統一感が出て、見た目にもすっきりしますよ」

3 ものの置き場所を定期的に変える

ものの場所はひとまず決まっているけれど、それはあくまでも今の形。どうすればもっと使いやすくなるかをいつも考え、こまめに動かしながらベストポジションを探っていくのがワタナベさん流。

「ゴールデンウイークや夏休みなど、時間がある時にものの場所を見直すようにしています。基準は、その時の食生活に合わせること。例えばスムージーにハマっているなら、ミキサーを取り出しやすい場所に置くといい。動かしているとものがわかるし、ものが増えすぎる事態も防げるんです」

最近購入したというコンロ横に置かれた竹カゴには、来客用の湯のみや急須などのお茶セットを収納。天然素材は通気性がよく、洗って拭いたらすぐにしまえて便利。

4 献立のパターンを決めておく

家族全員分を作る朝食と夕食は、献立をパターン化することで、食事作り全体の流れをスムーズに。朝食は残り野菜を使ったスープ、夕食は白飯とおかずの一汁二菜と基本の形を決め、献立を組み立てているといいます。

「朝食はできるだけ手間をかけずに作れるよう工夫しています。スープとパンとヨーグルト、スープと息子が好きなお餅など、道具をあまり使わずに作れる献立が多いですね。残り野菜は前夜のうちに2センチ角に切って鍋に入れ、蓋をして冷蔵庫に入れておくんです。朝起きたら鍋に水を加えて火にかけ、煮て味付けをすればスープの出来上がり」

下ごしらえはできる時にしておいて、食べる前の調理で味を決める。これが、ワタナベさんの献立作りパターンの大きなポイント。夕食作りも同様で、その日のメインになる食材を、前日とは違う味付け・調理法で食べようという視点から考えて、何を作るかを決めていきます。

「夕食は火を使う主菜（炒め物、焼き物、蒸し物、揚げ物）と使わない副菜（サラダ、酢の物）の組み合わせが基本です。メイン食材は、昨日が豚肉だったから今日は魚、明日は鶏肉という感じで肉と魚を交互に。決めておくスパンは3日間くらいですね。それ以上だと覚えていられないから(笑)。調理法は、前の日が煮物だったら今日は炒め物、蒸し物だったら揚げ物というふうに、味わいの変化をつけます」

本日の夕食。ごはん、れんこんのみそ汁、豚バラと野菜の炒め物、しば漬け入りのポテトサラダ。

5 調理中の道具はなるべく少なく

包丁1本、まな板1枚、ボウル1個、バット1枚。ワタナベさんにとって、3人分の夕食の下ごしらえに使う道具はこれで十分。まずは食材をすべて手元に出し、使う量だけ切るところからスタートします。道具を少なく、かつ効率よく使うためには手順も大事。野菜から切り始めて最後に肉を切れば、包丁もまな板も途中で洗う必要がありません。

「使う道具が少ない方が洗い物がラクですよね。料理が出来上がる時には道具を洗い終えていたいから、最低限の洗い物で済むように」

さらにもうひとつ、1枚のバットに使う食材を集めることで、使い忘れを防止できるというメリットも。手元をコンパクトにすると、1食分の全体量が見渡せます。

6 調理の順を決めておく

下ごしらえを済ませたら、いざ調理スタート。作るのはみそ汁、主菜、副菜（調理法によっては副菜、主菜）とおおよその順番が決まっています。みそ汁は作って置いておくことができるので、まず初めに火にかけます。

「料理って2品3品と同時進行で作るので、下ごしらえと調理を一度にやると、空間も頭の中もごちゃごちゃしてしまいがち。下ごしらえを済ませてから調理をすると焦らずにできます。それから、火を使う場面は、放っておけるものと集中するものを組み合わせること。例えば、煮たり蒸したりする間に手があくので、炒め物をするといったように。それらが同時に出来上がるよう段取りすれば、全体の作業効率がアップします」

7 料理のついでに塩もみしておく

次の食事のため、明日の自分のために、今、もうひと仕事しておく。これだけで料理の手際はグッとよくなります。ワタナベさんが実践しているのは、野菜の塩もみ。使うのは白菜、キャベツ、玉ねぎ、大根、セロリなど、その日使って残った野菜。ざく切りにしてボウルに入れ、野菜の量の2%の塩でもんで冷蔵庫で保管します。

「翌朝のスープに入れたり、酢・レモン・オイルでマリネして副菜にしたり。野菜の青くささが取れて食べやすくなるし、そのまま保存するよりも新鮮なおいしさをキープできるんです。かさも減るので冷蔵庫の中で場所を取らないのもありがたい。時間がある時、気持ちに余裕がある時についでに作っておくと、すごく助かります」

8 残り野菜はまとめて保存袋に入れる

角切りにして翌朝のスープを仕込んだり、塩もみにして保存することができない日だって、もちろんあります。そんな時は使いかけの残り野菜を大きめのジッパー付き保存袋に入れて「余りもの袋」を作るようにしているのだとか。

「野菜を無駄にせず使い切りたいと思って始めたら、これが便利なんです。在庫がひと目でわかるから、早めに使いたい野菜の見落としがなくなりました。断面にラップをかけるのはトマトくらいで、あとはそのまま放り込んでおくだけ。冷蔵庫の中もすっきりします」

この日「余りもの袋」に入っていたのはにんじん、玉ねぎ、冬瓜、大根。その時あるものを組み合わせて料理を考えることで、新鮮なおいしさにも出合えそうです。

9 冷凍庫の在庫はメモしておく

白く凍ると中身の区別がつきにくい冷凍保存。そこで庫内の中身を付箋にメモして、扉の内側に貼るようになりました。目につきやすい場所にリストを置き、使ったら線を引いて消す。随時更新しながら在庫を管理することで、回転がよくなったといいます。

「冷蔵庫は見ればわかるんですけど、冷凍庫となるとパッと見ではわからない。特に仕事で使う大量の食材が入っている時は大変でした。探すのに手間取ってしまうとコストもかかるし、段取りも悪くなる。それをなんとか解消したくて考え出した方法なんです」

生鮮食品も調理済みのおかずも混在する冷凍庫ゆえに、メモの項目は、食材名と日付。目立つ色の付箋にするとさらに◎。

10 毎日の床拭きは使い捨ての布で

家族の憩いの場であり、メディアに登場するスタジオでもある台所。清潔にキープするコツは毎日の床拭きにありました。

「掃除はルーティン。床拭きは洗い物などをすべて終えた1日の仕事終わりにやります。使うのは15センチ四方に切った使い古しのシーツ。かがんで手で拭くことで、細かなゴミまでよく見えるし、運動だと思ってやっていますね」

布には抗菌・消臭・防虫・リラックス効果のある「カルデサック」の青森ヒバ精油をたらして使用。気持ちまですっきりリフレッシュ。

共通コラム

私がよく作る簡単レシピ

自分のため、家族のために、簡単でおいしいからよく作る料理と、そのレシピを教えていただきました。献立の参考にぜひどうぞ。

野菜のオイル蒸し

（高橋みどりさん）

基本は小松菜などの青菜をざく切りにし（好みでつぶしたにんにくも）、鍋にぎゅうぎゅうに詰め、上からオリーブオイルをたっぷりと回しかけ、塩をパラリとふって蓋をします。中火にかけて5～10分。野菜がしんなりしたら出来上がり。密閉性の高い鍋で、野菜の水分で蒸す料理です。慣れたら好みでバリエーションを楽しんで。季節の野菜を味わいます。

きゅうりのあえ麺

（福田春美さん）

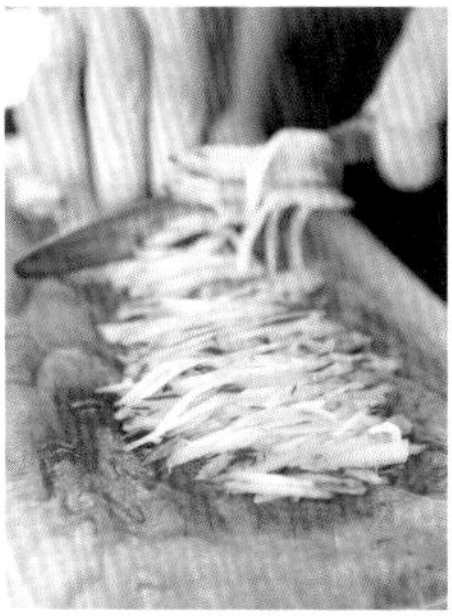

ごく細いせん切りにしたきゅうりと、とろとろの卵の組み合わせが最高の簡単あえ麺。まず、ゆでて氷水で締めた細麺の中華麺にきゅうりをのせておきます。煙が上がるくらい熱したフライパンにごま油をひき、塩と砂糖を加えた溶き卵2個をジャーッと流し込んだらすぐ火を止め、スプーンでひと回しして器に流し入れます。49ページのかえしにすりごまを混ぜたごまだれをかけて。友人たちにも人気のメニューです。

蒸し鶏の香味だれ

（ワタナベマキさん）

蒸し鶏は簡単にできて、家族にもお客様にも喜ばれるのでよく作ります。香味だれは、みじん切りのにんにく・しょうが・長ねぎに、黒酢・しょうゆ・ラー油を容器に混ぜ合わせておきます。せいろにオーブンシートを敷き、常温にもどして酒をなじませた鶏むね肉をのせ、たれの容器も一緒に蒸します。食卓に出すときに、ざく切りの香菜をのせ、たれをかけます。

カリカリポーク

（坂井より子さん）

豚肉の薄切りがボリュームたっぷりのメインになる、孫も大好きなわが家の定番おかずです。めんつゆと酢に玉ねぎのみじん切りを混ぜ合わせたたれを作り、片栗粉をまぶした豚肉を油でカリッと揚げたら、熱々のうちにたれにからませ、細ねぎを散らして完成。もも、ロース、バラなど、薄切り肉ならどの部位でもおいしく作れます。揚げた豚肉の熱で玉ねぎに少しだけ火が通って、ほどよい食感になるのがお気に入り。

みそ汁に「おいしい唐辛子」

（藤原奈緒さん）

疲れて何が食べたいかわからないときは、今一番飲みたいみそ汁は何かを真剣に考えます。自分のためにていねいにみそ汁を作って飲むとそれだけで元気が出てくる、お守りのような存在です。具材の組み合わせを考えるのも楽しみで、今日は青大豆とさやいんげん、クレソン、鶏のささみを入れました。「ふじわらのおいしい唐辛子」がみそ汁にとても合うので、途中で入れて味を変えながら食べることが多いです。

ジンジャーチャーハン

（山﨑 宏さん）

このチャーハンは、実は私（瑞弥）の父の得意料理。同じ味を再現してほしいと夫にお願いしたら、父に教わって作れるようになりました。ポイントはしょうがのみじん切りをたっぷり（80g）入れること。溶き卵4個をふんわり焼いて取り出し、ごま油でしょうがを炒め、ごはん2合分を加えて炒めます。卵を戻して炒め、ちぎったレタス$\frac{1}{2}$個分を加えたら、塩、こしょうで味付けを。

おやつのおむすび

（山﨑瑞弥さん）

子どもたちが塾や習い事に行く前にささっと食べさせるメニューです。おむすびはその時季の食材を混ぜ込んで作ることが多く、春菊と桜えび、菜の花とディル、小松菜とじゃこも定番。今日作ったのは、中でもすぐに作れる簡単な2品。手でもみほぐした乾燥あおさと白ごまを混ぜた「あおさむすび」と、市販のいり大豆を混ぜただけの「大豆むすび」。香りがよくておすすめです！

坂井より子さんの「いつでもスタートできる台所」

無我夢中で子育てや仕事に没頭する時期を過ぎ、
暮らしのスピードは少しずつゆるやかになっていきます。
年齢を重ねても変わらない好きなもの。
年齢を重ねたからこそ変化したやり方や工夫。
そのどちらをも見せてくれる先輩の後ろ姿ほど
心強いものはありません。
主婦歴50年の坂井より子さんが台所に求めることは何か？
3世帯9人で暮らす台所にお邪魔しました。

坂井より子

主婦。1946年生まれ。神奈川県葉山在住。子育てが一段落した30年前、自宅で料理教室を開催したことをきっかけに、家庭料理の作り方や暮らしの知恵を伝える活動を始める。主婦歴50年の経験と学びを生かした言葉は世代を超えて多くの共感を呼び、雑誌や書籍などで広く取り上げられるように。著書に『暮らしをつむぐ　より子式・日々の重ねかた』（技術評論社）などがある。夫と娘夫婦、息子夫婦、孫3人との3世帯同居、9人暮らし。

Ziploc
Ziploc
北海道牛乳
TWG
有機
すりごま

平日の夕食は9人一緒に

日々の暮らしは「まず、食べること」。9人の大家族の食事作りを担当する主婦の坂井さんにとって、台所は大切な仕事場です。心地よく、効率よく台所仕事をするために心がけているのが「いつでもスタートできる」ということ。料理をしようと台所に立っても、まずは洗い物から……というのでは、せっかくの気持ちもしぼんでしまいます。思い立ったらすぐできる！　そんな工夫と心がけがたっぷり詰まった台所を見せていただきました。

「結婚してからずっと葉山で暮らしてきました。今の家は、かつて子育てをした古い一軒家のあった敷地に3世帯住宅として建て直したもの。1階が私と夫、2階が娘家族、3階が息子家族の住まいで、平日の夕食はみんなで一緒に食べることが多いですね。水曜日はお嫁さんが作ってくれて、ほかの日は私が担当。週末は各々で

食べています」

これまで、家族の形はさまざまに変化してきました。社会人になって初めてのひとり暮らし、結婚して夫婦ふたりとなり、娘と息子が生まれて4人家族に。子どもたちの独立で夫婦だけに戻りますが、ご主人が田舎暮らしをしたいと新潟に移住、坂井さんは一時的に葉山でひとり暮らしを経験します。その後、娘家族との同居、ご主人の合流、息子家族も加わって、過去最大の9人暮らしがスタートしました。いつも「今はこうだけど、また次の段階がくるんだろうな」と思って変化を受け入れてきた坂井さん。戸惑いなどはまったくなかったといいます。

「2度目のひとり暮らしの時は、お友達と夜遅くまで麻雀を楽しんだりもしましたよ。自由に時間を使えた経験があるから、家族の都合に合わせて生活するのも、全然苦にならないんです。こうやって今、みんなでごはんを食べられるのはとても幸せ。それが健康にもつながっているんじゃないかしら」

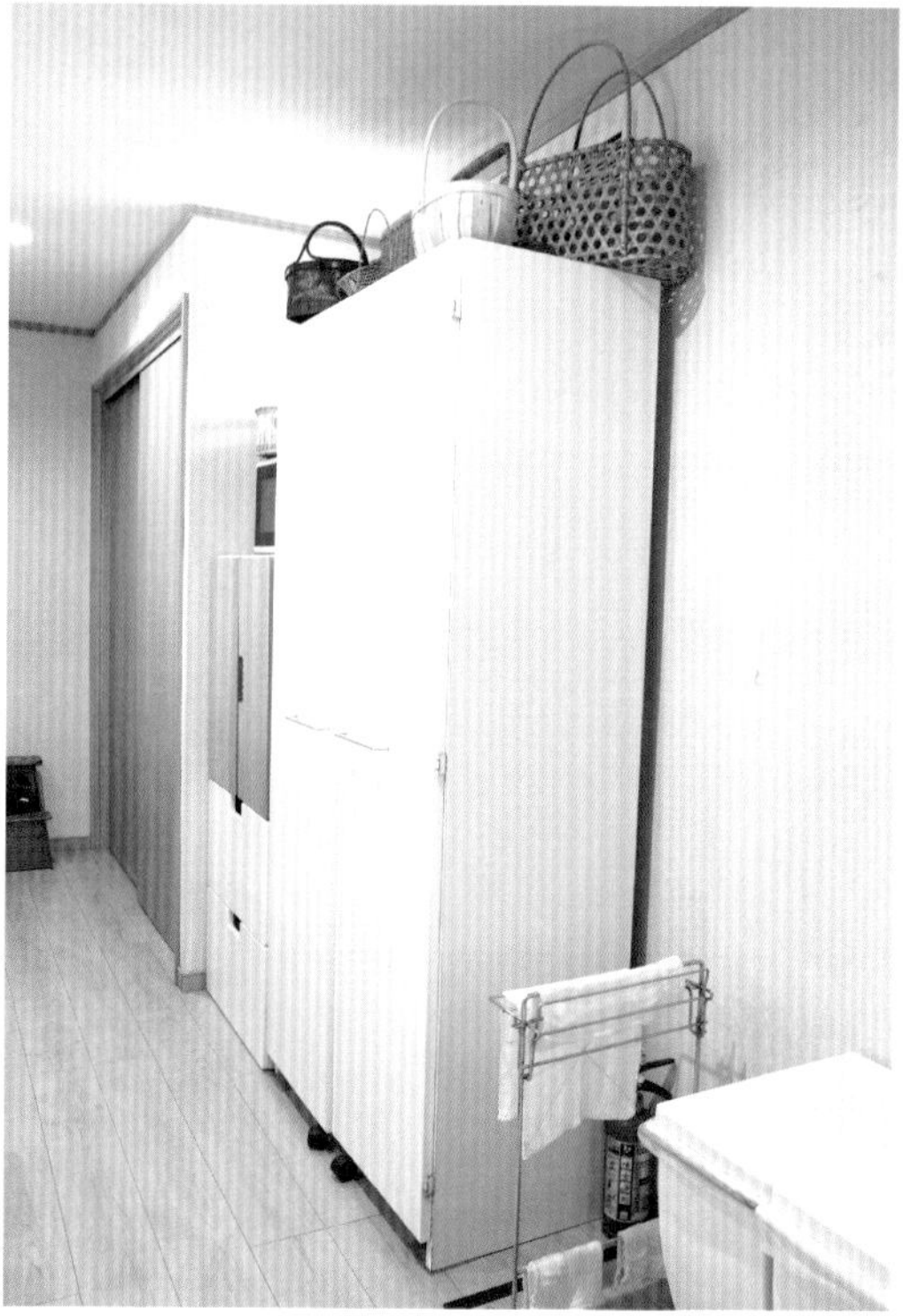

家族の「おいしい」が何よりうれしい

食事の支度は食材の調達から。坂井さんは週に1度、娘さんと一緒にスーパーと専門店を回り、買い物をしています。調味料や乾物は近隣のスーパーで買うことのできる手に入りやすいものを、肉と魚は少し足を延ばして専門店で購入するのがいつものコース。野菜は自宅近くに借りた畑で、ご主人が育てている旬のものをメインに使っています。

「わが家は夕食が19時からと決まっているので、16時には台所に立って支度を始めます。献立はメインのおかずと副菜を2〜3品が定番。どれも大皿に盛り付けて、各自が食べたいだけ取って食べるスタイルにしています。魚の切り身も1切れを3つに切っておけば、おなかの具合に合わせて量を調節しながら食べられる。残ったものは翌日のお弁当のおかずになったり、私たち夫婦の昼食になったりします」

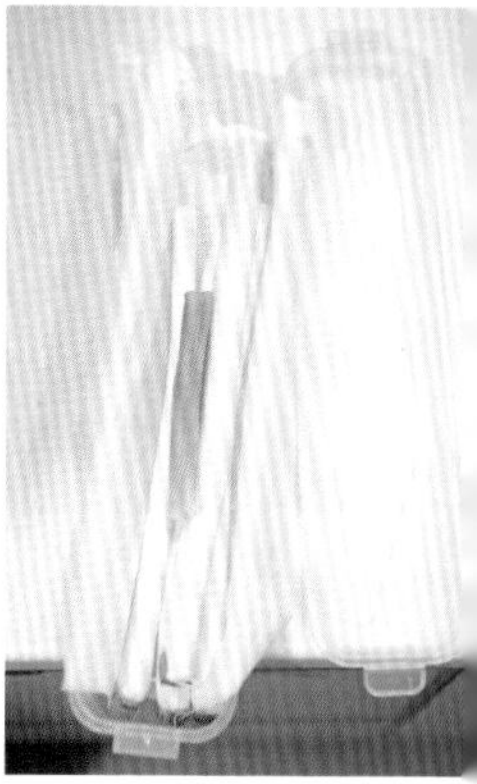

P84右 _ 白のキッチンキャビネットは「ディノス」で購入。作り付けの棚と奥行きが同じで使いやすい／**P84左** _ 棚の左右に輪ゴムを張ってクリップで留め、ポリ袋かけに。中央に切れ目を入れれば、1枚ずつ取り出せる／**P85右** _ ねぎを長いまま収納できる保存容器は、さんま用として売られていたもの／**P85中央** _ 包装に使われていたひもやビニールタイは使いやすいように小さくまとめてケースに小分け／**P85左** _ 冷蔵庫内もさまざまな食材が保存容器できちんと整理されている。

ゆったりと3時間を夕食の準備にかけるのは、落ち着いてマイペースに台所仕事を進めるため。作業台に道具や食品があふれた状態ではやりづらいからと、坂井さんは何か出して使ったらまずしまうということを徹底しています。シンクやコンロの周りも、気付くたびにちょこちょこと拭き掃除。

「しまったり、拭いたりして手を動かしながら、頭の中で何度も段取りを確認しているんです。次はこれをやるぞ、って。こまめにものを出し入れしていれば散らからないし、しょっちゅう拭いていれば汚れもたまらないから一石三鳥。急いだり慌てたりするとどうしても仕事が雑になるでしょう？　同じレシピで作っても、雑だとおいしくなくなってしまう。私は家族の『おいしい』が何よりうれしいから」

常に料理がしやすいように準備をしているのは、大切な家族とともに囲む食卓のため。「毎日同じことができるのは幸せ」という坂井さんの笑顔が、今日も台所にあふれています。

1 ものの指定席をつくる

「台所のすべてのものに指定席があるんです」という坂井さん。大きさ、形状、用途の異なるさまざまな台所道具や食器、食品を、自分にとって最も使いやすいよう配置しています。どこに何があれば使いやすいのか、長年の主婦経験をもとに考え続けてきました。

　たどり着いた基本の形は「よく使うものを一番取り出しやすいところに置く」こと。代表的なのが調味料です。塩、砂糖、小麦粉や片栗粉などの粉類は蓋付きの瓶に詰め替え、シンクの後ろにある収納棚の中央部に並べて配置。目線の高さに使用頻度の高いものを置くと、取り出しやすく便利です。しょうゆ、みりん、酒、酢、オリーブオイル、ごま油といった液体状の調味料は、細口の瓶に詰め替えてポアラー（ガラス瓶の注ぎ口につけて、液体を注ぎやすくするもの）を装着し、まとめてトレーにのせてコンロの横に。調理する際に、サッと手を伸ばすだけなので使いやすいそう。

「調味料は大容量のものを買い、コンロ下の引き出し収納にまとめて保管。それを小分けにして使うんです。重たい容器を使うたびに持ち上げるのは大変だし、大きなボトルは場所を取るから。ガラス瓶に詰め替えると中身が見えるのも便利ですね。ポアラーもおすすめ。蓋を開ける手間が省けるから片手で持ち上げて注げるし、一度にたくさん出すぎることもない。『どこに置くか』だけじゃなく、『どうやって置くか』も考えて決めると使いやすくなります」

TWG
TEA
ポップアップポリ袋
M
220
Ziploc
FREEZER
QUART

上 _ 市販品の容器以外にも活用例を発見。100円ショップで見つけたブックエンドは、お盆を立てて収納するのにぴったり。

2 身近なものを活用して家事を楽しく

空き瓶だけでなく、坂井さんはさまざまな市販品の容器をリサイクルしています。塩や粉を入れている蓋付き瓶（87ページ写真）は、もともとインスタントコーヒーが入っていたもの。横浜・元町にある乾物屋さんでよく購入していたそうで、蓋もガラス製なところが気に入って、何年も愛用しているのだとか。ほかにも液体調味料はジュースやメープルシロップなどの細口瓶に、野菜の酢漬けはマスタードの瓶にと、使い勝手のよさそうな瓶は一定量を決めてストックしながら活用しています。

　牛乳パックは中を洗って乾かし、はさみで切り開いて長方形にカット。肉や魚を切る時にまな板の上に敷いて使っています。まな板が汚れないので洗う手間が省け、使

い終わったらそのまま処分できるので衛生的。さらに、揚げ物をした時の油切りにも牛乳パックが大活躍。外側のビニールコーティングされている印刷面を薄くはがして中の紙の層を露出させると、油をしっかり吸い取ってくれます。バットなどに敷けば、油汚れを気にせずに使い捨てにできて、とっても便利。

　ほかにも2ℓのペットボトルの上部をカットして野菜室に並べ、葉物野菜を立てて収納したり、お菓子が入っていた箱はスパイスやお茶などの細かいものを入れるトレーにしたりと、知恵と工夫がそこかしこに詰まっています。創意工夫の源は「楽しさ」。「うまく使えた！と思うとうれしいんです」と笑顔で教えてくれました。

3 毎日の掃除はほうきで

台所から続くリビングは、9人家族が揃って食事をする団欒《だんらん》の場所。ひと続きになったフローリングを掃除するのは昔ながらのほうきです。愛用している竹製の「中《なか》津箒《つぼうき》」は、なめらかな掃き心地がお気に入り。

坂井さんは冷蔵庫と壁の間、10センチに満たない隙間をうまく利用して、柄の長さが異なる2本のほうきを収納しています。これをサッと取り出して部屋全体を掃き、勝手口からごみを掃き出す、これが朝の掃除のルーティン。部屋の奥から手前に掃いてくるのが掃き掃除のコツだそう。

「私には、掃除機よりもほうきが身軽でラクなんです。プラグの抜き差しがいらないし、重たい機械を引きずらなくていいから」

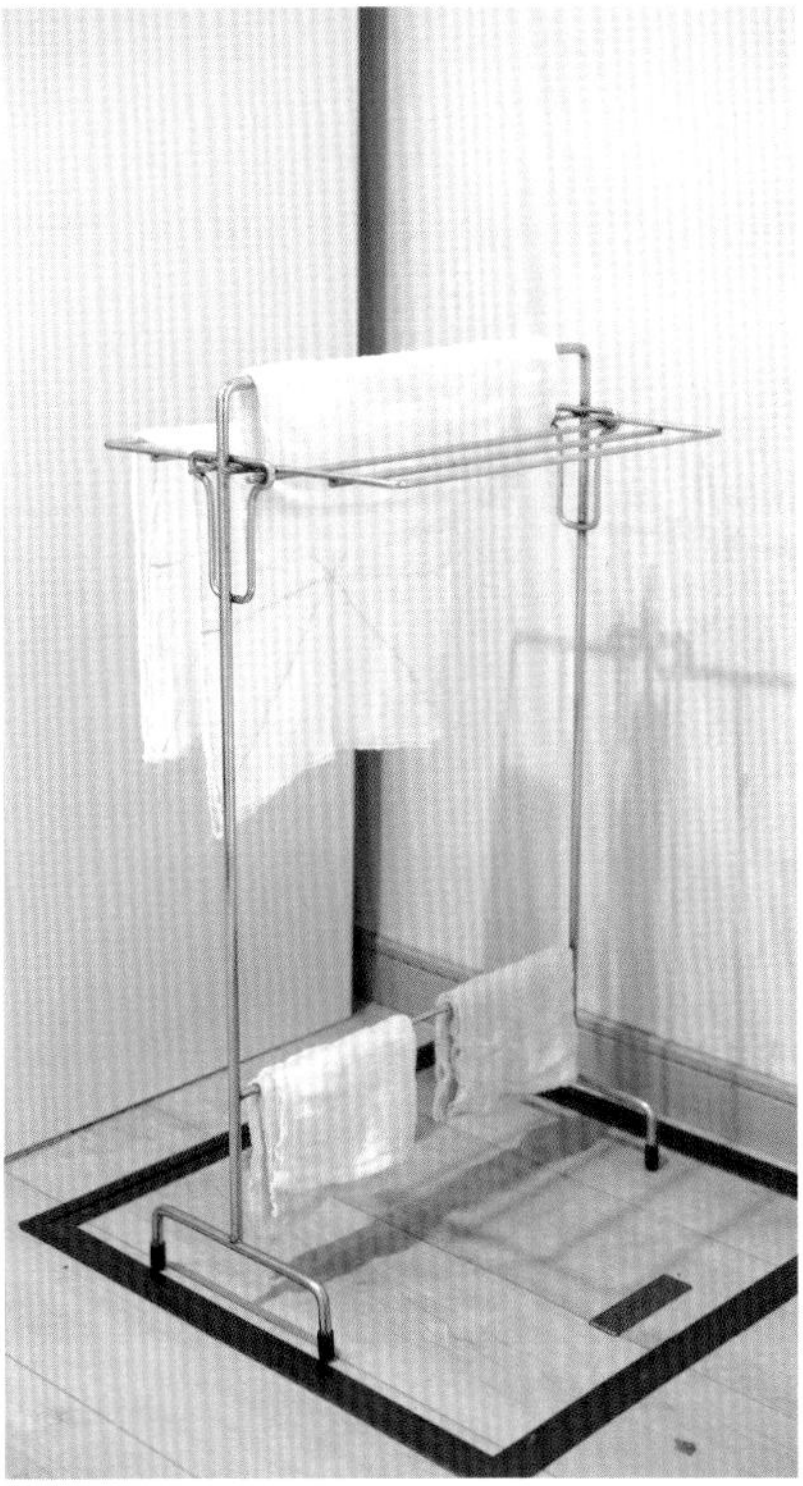

4 床は汚れたときに拭く

水はねや油はねなど、汚れやすい台所の床には拭き掃除をプラス。水でぬらして固く絞った雑巾を使って拭き上げます。掃き掃除も含め、掃除に充てるのは朝食の片付けを終えた後の10分間。

「汚れは目についた時に拭けばいいんです。そんなに神経質にならなくて大丈夫よ」

調理中に汚してしまったらすぐに拭くことを徹底しておけば、汚れもこびりつかず、ササッと拭くだけできれいに。気付いた時でいいんだと思うだけで、ずいぶん気持ちがラクになります。

使い終わった雑巾はよく洗い、台所に置いてある小さなラックの下段に干して乾かしておきます。いつも衛生的に使えて見た目も気分もすっきり。

5 朝時間に晩ごはんの準備をする

朝ごはんの支度をしながら、少しだけ晩ごはんの準備も進めておく。これが自分自身をラクにする秘訣だと坂井さんはいいます。ポイントは味を付けないこと。ほうれん草をゆでる、にんじんや玉ねぎをせん切りにして酢に漬けておくといった、汎用性の高い下ごしらえをしておくと、食べ方に幅を持たせられるので便利だそう。ほかにも米をとぐ、みそ汁の出汁をとるなど、朝のうちに夕飯の献立を決めておくと、先取りでできることがたくさんあります。

「コロッケなら衣をつけるところまで。時間がないなら、玉ねぎとひき肉を炒めるところまでやっておく。それだけで気持ちが全然違うんですよ。ここまでやってあると思うとがんばれるんです」

6 家事にかかる時間をはかる

『すぐする すぐすむ 快速家事』
原田知津子・著
文化出版局／1986年刊

およそ30年前、坂井さんにひとつの出会いが訪れました。海外の生活様式を取り入れたハウスキーピング教室を主宰する、原田知津子さん。英文速記の仕事を持ち、東京オリンピックでもスタッフを務めた、国際的な女性です。当時親しかった原田さんの姪に誘われ、教室に参加することに。

「目から鱗が落ちるようなお話ばかりでした。特に印象的だったのは『家事にかかる時間をはかる』こと。効率よく家事を進めるためには、何にどれだけ時間がかかるかを把握しておくことが大事だと教わりました。所要時間がわかれば、空き時間に何ができるかを逆算できる。出かけるまでの5分で何ができるかしら？と、今も習慣として続けています」

7 食器は洗いっぱなしにしない

洗い物はすぐに洗って元の場所へ。これも坂井さんが心がけているルールのひとつです。料理を作り終わったら、鍋や道具を洗ってから食卓につく。食事を終えたらひと休みする前に食器を洗い、水気を拭いて指定の場所に戻す。こうすることで、常に洗いカゴとシンクの中に何もない状態をキープしているそう。9人家族の洗いカゴが、この小ささで事足りる理由がわかりました。

「洗い物が残っていると、見るたびに憂鬱な気持ちになるでしょう？　手を動かし始めればほんの数分で終わるのだから！と、自分にスイッチを入れてやってしまう。何もない状態にしておくと見た目もいいし、次に台所に立つ時にスタートがしやすいんです」

8 シンクとふきんを洗って完了

坂井さんが1日の台所仕事の終わりにすること。それはシンクとふきんを洗うことです。シンクはクリームタイプのクレンザーを全体にたらし、アクリルたわしでゴシゴシ。蛇口とノズルもこのタイミングでしっかり洗っておけば、水あかの心配は不要だそう。水で流して表面を手で触り、ザラザラした感じがしなければOKです。

ふきんには「フキンソープ」という石けんを使い、1枚ずつ手洗い。すすいで絞ったら、ルール4でも使ったラックの上段にかけてしっかりと乾かします。

「シンクとふきんが清潔だと、気持ちよく料理を始められるんです。それに明日に備えて台所をきれいにしていると、気持ちまですっきりしてくるから」

9
与えられたスペースの中で考える

坂井さんが暮らすのは、3階建ての注文住宅。坂井さんとご主人のスペースは1階です。ご自身の「城」である台所を設計するにあたっては、さまざまなこだわりがあったはず。ところが坂井さんの答えは「ほとんど家族にお任せで、私からは何もお願いしなかったんです」というものでした。

「これまでも与えられたスペースで台所仕事をしてきたし、それで十分という気持ちなんです。手に入ったものを自分らしく使う方法を考えることの方が私にとっては大事だし、楽しいんですよね」

シンクと作業台は、華やかな明るいイエロー。坂井さんが心地よく台所仕事ができるようにというご家族の思いが込められているのかもしれません。

10 家事は自己満足のためにする

取材中、坂井さんが何度も口にしていたのが「家事は自分のためにする」という言葉でした。台所をきれいに掃除して整えるのは、誰のためでもなく自分のため。その方が気持ちがいいし、見栄えもいい。何より毎日の食事作りがラクになるから、と。

「せっかく家事をするなら楽しい方がいい。そんな気持ちで50年、主婦をしてきました。どうすれば楽しくなるかを考えることで、自分なりのやり方ができていったような気がします。私にとっては一番手を抜けないのが食事作り。作り慣れたおかずでも、イヤイヤ作るとイヤな味になるんですよ。おいしく食べさせたいという気持ちが味もおいしくする。私はそう思っています」

共通コラム

愛用のまな板

スポットが当たることは少ないけれど、まな板は料理の縁の下の力持ち。見た目も大きさもさまざまな「木のまな板」が揃いました。

「PUEBCO」のまな板

（福田春美さん）

ステンレスのハンドルが付いているのが特徴。ハンドルを下にして立てかけておくと、木の部分が台に当たらず水気が切れます。どこでも作業ができる小さめのサイズ感も好みで、包丁を落とした時の感触もいいのでお気に入り。

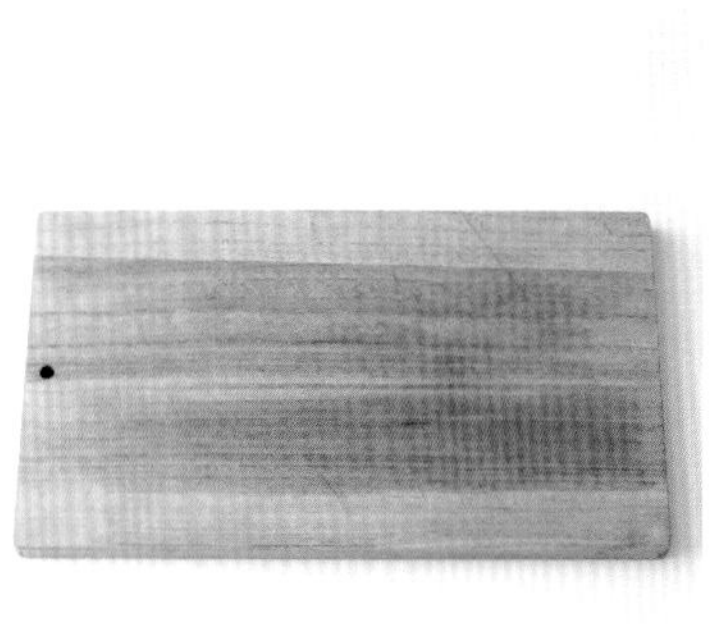

スタンド付きのまな板

（坂井より子さん）

購入したのは30年近く前。軽くて扱いやすいところが気に入りました。大所帯なのでもっと大きいものと併用していますが、少しだけ切りたい時にはこれが便利。専用のスタンド付きで自立して乾かすことができるのも助かっています。

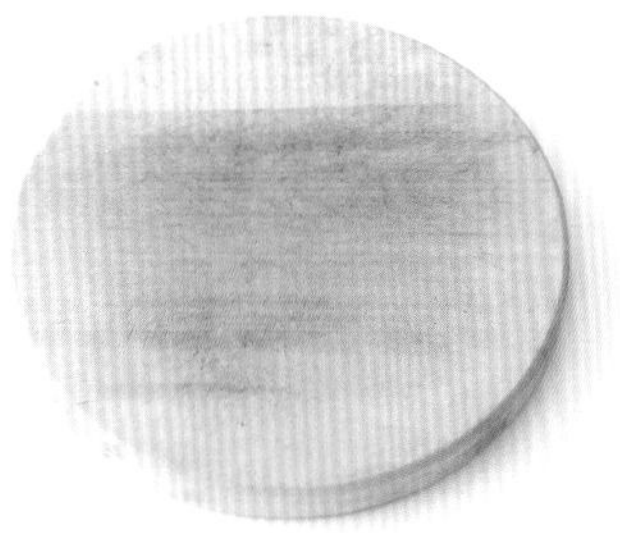

ヒバのまな板

（ワタナベマキさん）

直径25センチの円形のものを使っています。私には小さい方が使いやすいので、このサイズがベスト。切ったものを鍋に入れる時も円形だとこぼれにくく、横幅がないので、狭いスペースでも意外と広々使えるのが魅力。

いちょうのまな板と
プラスチックのまな板（山﨑瑞弥さん）

用途によって２枚を使い分けています。刃当たりがよく刃こぼれもしない、いちょうの木のまな板は主に野菜を切る時に。買ってからせん切りが楽しくなりました。薄いプラスチックのまな板は肉・魚用で、くたびれてきたら買い替えます。

赤木工房のまな板
（藤原奈緒さん）

刃の当たりが柔らかい、いちょうのまな板が好きです。丸い形は使う時に場所を取らず、またしっかりと厚みがある分、自立するので乾かしやすい。使い始めたばかりですが、何かあっても直してくださる安心感があり、うれしいです。

形違いの木のまな板
（高橋みどりさん）

木製のものを数枚、用途によって使い分けています。みじん切りやせん切りは大きな長方形のものが使いやすく、チーズやパンを切り分けるならそのままテーブルに出せるカッティングボードを。鍋敷き代わりに使うこともあります。

藤原奈緒さんの「無理しない台所」

毎日食事を作るのは大変だけれど、手作りの温かいごはんを食べることには、きっとそれ以上の喜びがある。

だから台所に立つ人が少しでもラクになるよう、料理がさらにおいしくなるよう、日々の仕事を支えたい。

それが藤原奈緒さんの「料理家」としての思いです。

素材にかけるだけで味がピタッと決まる。

そんなオリジナルの瓶詰め調味料を開発している藤原さんに、台所で心地よく過ごすヒントを伺いました。

藤原奈緒

料理家。飲食店勤務、料理教室開講を経て2013年に独立。自分の仕事をラクにするために作っていたオリジナルの調味料を瓶に詰めて販売したところ大きな反響を呼び、これを伝えるための飲食店「あたらしい日常料理 ふじわら」を東京都・小金井にオープンさせる。現在は「ふじわらのおいしいびん詰め」(http://nichijyoryori.com/seasonings/)の製造販売に注力しながら、オーダーメイドの料理教室や、不定期で季節の料理のテイクアウトなどを行う。ひとり暮らし。

優先順位は疲れないこと

台所仕事は「今日やれば終わる」といったものではありません。今日も、明日も、明後日も繰り返し続いてゆく、暮らしの営みそのもの。ゆっくり時間をかけて料理を楽しめる日もあれば、クタクタに疲れてもう何もしたくないと感じる日もある。やろうと思えばいくらでもやれてしまうからこそ、藤原さんは、自分が無理しないことを大切にしているといいます。

「私にとって毎日は全然違うから、ルーティンは苦手なんです。毎日必ずこれをすると決めると、できなかった時に辛くなる。いきなり大きなことをやりとげようとせずに、自分にとって負担の少ない、小さなことから始めるようにしています。食後にシンクを磨くぞ！とは決めずに、今日のうちにどこか一か所をきれいにしようというくらいの気持ちを持っておく。目標を低めに設定しておくと、できた！という自信に

右_調理で使う油は、油だれが気になるので「無印良品」の書類ケースに入れて。すっぽり入って見た目もすっきり／**左**_99.9%水でできている「Vann Vesi Vand WATER」。スプレーするだけで汚れを分解し、環境にも手にもやさしい。

つながりやすいんです」

「家庭料理を手軽に、おいしくしたい」。そんな思いのもと、料理家としてさまざまな活動をしてきました。料理教室を始め、オリジナルの調味料「ふじわらのおいしいびん詰め」シリーズを開発、販売。さらに、商品の使い方やそれに込めた想いを伝える場として「あたらしい日常料理 ふじわら」を開店してからは活動はどんどん広がり、新型コロナウイルスの感染拡大を機に飲食店を一時休業した現在は、瓶詰めの製造販売をベースに行っています。

「切っただけ、焼いただけの野菜や肉、魚にかけるだけで、味が調っておいしくなる。そんな調味料があったらいいな、と。焼いた鮭にかけるだけ、切った豆腐にかけるだけ、ゆでた青菜にかけるだけでおいしいごはんが食べられたら、自炊のハードルってグッと下がると思うんです。私自身もそうですが、誰にとっても、台所が疲れる場所であってほしくない。料理を仕事にしたのはそんな気持ちからでした」

自分の機嫌をよくする工夫

そんな藤原さんのご自宅は、リフォームされた団地の一室。メディアの取材や撮影、SNSの投稿などで登場することはありますが、仕事で使っている厨房とは役割を完全に分離させており、この台所は自分自身のために食事を作る場所です。陽の光がたっぷり注ぐアイランドキッチンにお邪魔しました。

「風通しがよくて使いやすそうというのが第一印象。この台所を気に入って入居を決めました。ここに越す前は朝ごはんも店で食べるくらいの仕事人間で。まずは自分の暮らしを整えて心も整えられたら、と思ったんです」

家事は得意ではないという藤原さんが、暮らしのなかで大切にしているのはよどまないこと。気持ちよく毎日が流れるにはどうしたらいいか、ルールを課すのでなく、自分に合った仕組みを更新させているのだといいます。しまうと忘れ

てしまうから、棚はすべて扉のないオープンタイプ。気になるところに手を入れて、都度変えていったら、暮らしが流れていくように。今では、趣味と勉強を兼ねて、食事のたびに使う器を替える試みもしているそう。

「洋服を着替えるように、食器もコーディネートするのが楽しいんです。料理との相性や季節を考えて食卓を整える練習にもなる。普段から使い込んでおかないと、いざという場面でうまく使いこなせないんですよね。だから器を買う時は『着こなし』力も見ます。盛り付けたい料理が数品浮かぶなら、活躍してくれるなって」

奥にある器は埋もれるから置き場所を定期的に変えたり、好みが変わったら人にあげたりして、使っていないものがないようにする工夫も。

「料理をぴったりの器に盛り付けられると、本当にうれしくなるんですよね。無理しないって、楽しみを味わう余裕があること。自分の機嫌をよくする工夫をしながら、ラクに、おいしく、暮らしていきたいと思うんです」

私の台所
マイルール

1 朝起きたら、前日の食器を片付ける

「食事の後に食器を片付ける。当たり前のようですが、私には結構ハードルが高くて」という藤原さん。掃除や片付けはどちらかというと苦手だそう。そのため前日に使った食器は、翌朝起きたら片付ければよいと決めています。朝のうちにシンクと水切りカゴの中に何もない状態をつくっておけば、その後の洗い物が億劫にならないからというのがその理由。

「仕事明けでクタクタの夜の自分よりも、眠ってすっきりした翌朝の自分に期待しているんです。疲れが取れてリフレッシュしている朝なら、苦手なことにもトライしやすい。朝は必ずコーヒーを飲むので、お湯を沸かしながらまずは食器の片付けをする。それが1日を始める合図になっています」

2 毎日、どこか一か所をきれいにする

ため込むほど面倒になるのが掃除と片付け。不得手を自覚しているからこそ、毎日、どこか一か所だけはきれいにしよう。藤原さんはそう決めているといいます。場所は決めず、その日、汚れや散らかりが目についたところを「ついでに」やるというのがスタンス。洗い物のついでにシンクを磨いたり、引き出しを開けたついでに中のカトラリーを整理したりと、あくまでも無理はしません。

「ステンレスなど、磨くと光るところはよく掃除しますね。きれいになったのが気持ちがよくて、達成感が得られやすい。でも、どんなに気持ちがのってきても疲れないところでやめます。無理しないためには、あらかじめハードルを低く設定しておくことが大事」

3 隙間を残した収納にする

さまざまな道具や食品が混在する台所は、収納のシステムを考えるだけでもひと苦労。棚にものを詰め込みすぎると、しまったものの存在を忘れてしまうという事態に何度も悩まされたという藤原さん。現在は「ひと目見てわかる」ことを心がけています。

「収納スペースの中に隙間をつくる。そのひと言に尽きますね。隙間があるから視線が届くし、手も差し入れやすくなる。入るだけ入れるのではなくて、入っているものがわかるように入れることを意識しています」

これは食器棚や冷蔵庫の中も同じ。ちょっと密度が上がってきたなと思ったら棚卸しをし、隙間をつくり直すことで収納をコントロールしています。

4 ものが見える収納にする

隙間をつくって見えやすくすることに加えてもうひとつ、扉の中にしまい込まず、見える場所に置くというのも藤原さんの収納の工夫です。例えば、よく使う調味料はカウンターの上に並べてセット。下味を付けたり最後に味を調えたりと、その場所で使うものを目の前に置くことで使用頻度が上がり、使い忘れも減ったそう。

「ここにあると使いづらいなと思ったら、ちょっと場所を変えてみるようにしています。小さな違和感を放置しないで調整することで使いやすくなるし、散らからなくなる。それに、見える収納は実用的なメリットだけじゃないんです。好きなものを飾って並べることで気持ちが上がって、台所仕事が楽しくなるんですよ」

5 時々点検して、風通しをよくする

台所の横にある大きな窓から入っては抜けていく、心地よい風。この風通しのよさが、今の住まいを気に入った理由のひとつだといいます。そして家同様、物事にも「流れ」は不可欠だというのが藤原さんの考え方。

「空気の流れ、気の流れ、ものの流れ。滞っていないかどうかを時々点検して、風通しをよくするようにしています。流れが悪くなっているところを見つけたら、それを解消する方法を考えて対処する。冷蔵庫に鮮度が落ちてしまった野菜があればまとめてポタージュにしたり、賞味期限が近い食材を使って献立を考えたり」

長く飲食店で働いてきて、「仕事の時間は『ためる』と『流す』の連続だな」と思うようになったとい

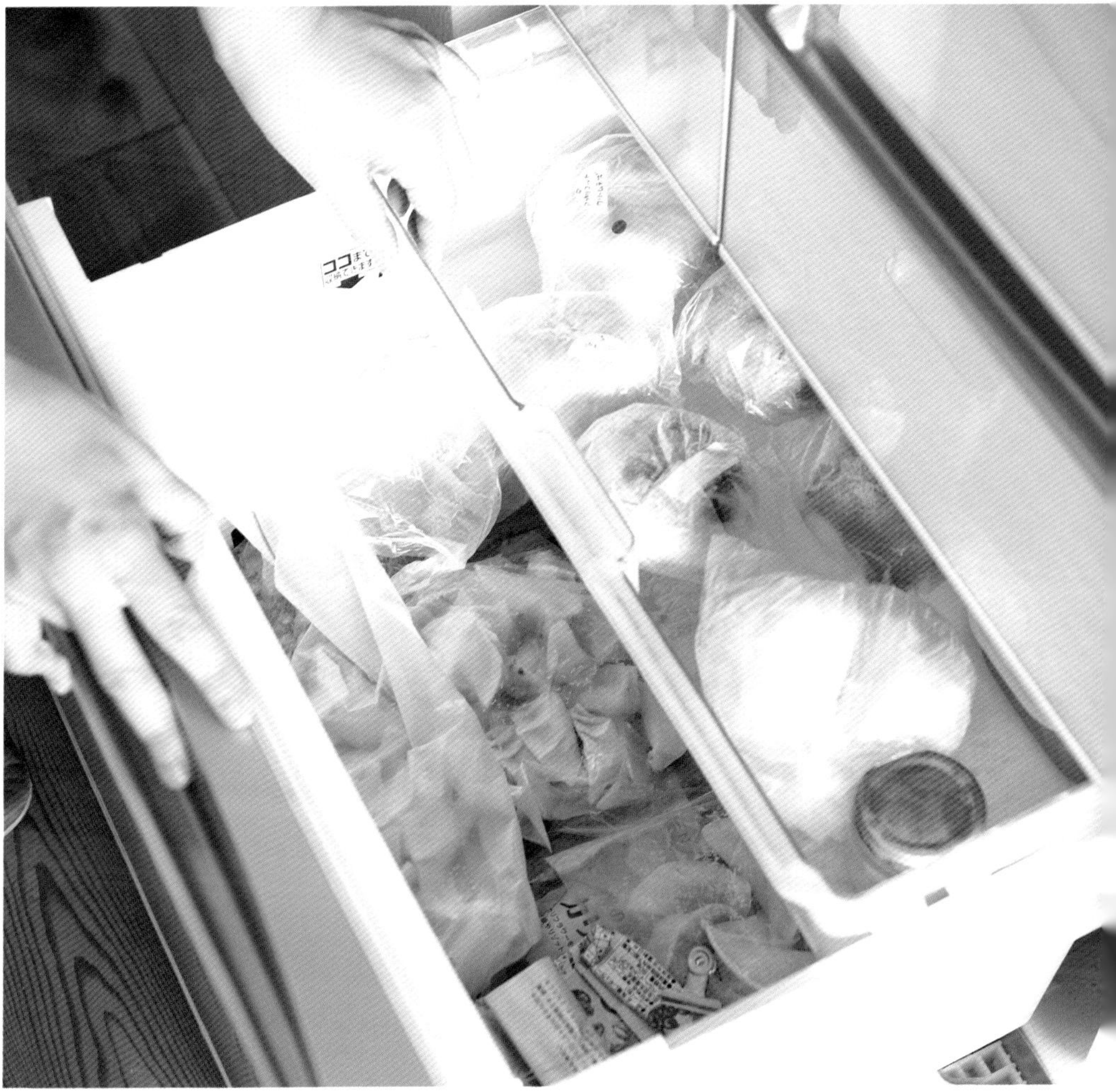

う藤原さん。それを機に、物事が気持ちよく流れるように動くことを意識するようになったといいます。それは、家での台所仕事も同じこと。そうやって意識的にバランスを取ることで、食材も気持ちも新鮮になり、台所時間をより心地よく過ごせるようになったそう。

「食材にも自分にも無理がない状態だから、気持ちがいい。野菜ならポタージュのほか、かき揚げや重ね蒸しにして早めに食べ切ります。明太子ならパスタにしたり、肉ならすぐ焼けるように下味を付けたり。また、忘れがちなのが冷凍庫のチェック。冷凍ストックは便利だけれど、冷凍することで安心してしまって、そのまま放置してしまうことも。おいしいうちに食べるように気をつけています」

6 すぐに使うものと日持ちするものを合わせて買う

飲食店を経営する藤原さんは、「仕入れがうまくいくと、料理がうまくいく。それは店も家も同じ」だといいます。仕入れとはつまり買い物。藤原さんは週に2回、スーパーに行く「仕入れ日」をつくって食品を購入しています。すぐに調理するもの／冷凍保存できるもの／日持ちするものの3つに分け、まんべんなく買うのがコツ。

「この買い物のいいところは、あるものだけで暮らせるようになること。次の買い物までに自宅で食事をする回数を大まかに見積もって、食材が尽きる前に次の仕入れに行くように計画しています」

仕事帰りの疲れた体で重い荷物を持つのは大変なため、ついで買いは最小限に。仕入れ日を設けることで、買い忘れも減らせます。

7 乾物は買ったらすぐ使う

乾燥豆や干ししいたけ、昆布、ひじき、切り干し大根。あると重宝する乾物ですが、賞味期限の長さに安心してしまい込み、忘れてしまうというのはよく聞く話。藤原さんも経験したことがあるといいます。そこで始めたのが、豆なら「ゆでてから冷凍する」というテクニック。定期的にチェックする冷凍ストックに加えておけば、忘れてしまう事態には陥りません。

「古くなってしまったことを反省して、乾物こそすぐに使おうと考え方を変えました。青大豆が好きでよく買うのですが、1袋をゆでると結構な量になるので、小さな保存容器に小分けにして、ゆで汁ごと冷凍するようにしています。ソーセージを入れて、スープにするとおいしいですよ」

8 疲れた日のために冷凍ストックを

　スーパーで買ってきた魚や肉、ゆでた豆や調理済みの煮込み料理、マリネまで。藤原さんの冷蔵庫と冷凍庫には、なにかしら、すぐに食べられるおいしいものが用意してあります。疲れて帰ってきた日でも、ストックの中から好きなものを選んで組み合わせれば、わずか20分後にはごはんが食べられてしまうそう。ストックを充実させておくことで自炊の手間が減り、時間も短縮になるのですから、これもやはり自分が「無理しない」ための快適な形です。

「特に冷凍ストックは『困ったときのための貯金』。干物、魚の切り身、肉のどれかは必ず冷凍庫にあるようにしています。タンパク質は野菜に比べて保存しやすいから、多めに買ってもいい。パックを開けたついでにひと手間かけて保存しておくと、使う時がさらにラクですね。鮭の切り身に塩をふっておく、豚こま切れ肉に調味料で下味を付けておく、1食分ずつ小分けにしてラップする。そして、当日や翌日に食べる分は冷蔵庫へ、それ以外は冷凍庫にと、使い道を考えながらストックを作るようにしています」

　この日、冷凍庫にあったのは豚バラ肉に鮭の切り身、しらす干し、市販の餃子、カレーと玄米ごはんが1食分ずつ。冷蔵庫にあったのはひじきのマリネに牛すじの煮込み、ゆでささみ、ゆで豆でした。もちろん、ストック作りができないほど疲れている時には、肉や魚をパックのまま冷凍庫に放り込んでおくだけでもよし。

冷凍ストック

冷蔵ストック

9 気持ちが上がる道具を選ぶ

道具はおいしい料理を作るためのパートナー。使い勝手はもちろん、見た目や大きさ、素材など、使うものによって台所での過ごし方は変わってきます。藤原さんが道具を選ぶポイントはふたつ。自分の気持ちが上がるかどうか、そして自分がそれを使っているイメージが浮かぶかどうかだそう。

「見た目が好きで、使いやすい。そのふたつが両立しているものを選びたいですね。買い物は好きで、よくしてしまう方なのですが、調理道具や鍋は、いいものほどずっと使えるとわかっているので、慎重に考えて決めます」

直火にかけられる陶鍋は、使い込まれていい色に。特に好きなのはお茶用ポット。ひとり暮らしなのに4つも持っているのだとか。

10 料理のモチベーションが上がる素材を選ぶ

野菜は主に近所の直売所で購入しているという藤原さんですが、時には通販を利用することも。生産者から直接購入できたり、全国各地の野菜を仕入れて販売する八百屋があったりと、近頃ではさまざまなサービスが充実しています。藤原さんも折に触れ、オンラインで野菜の買い物を楽しんでいるそう。

「旬の野菜を詰め合わせたセットなどの形で購入すると、普段、自分では買わないような珍しい野菜が入ってくることがあるんです。そういう新しい出合いがあるとやる気がわくし、料理のモチベーションも上がりますね。おいしい食べ方や保存の仕方を教えてくれる生産者の方もいて、楽しく学ばせてもらっています」

共通コラム

愛用の鍋

大切に使い込まれた鍋はきっと
新品の時よりもいい顔をしています。
一緒にたくさんのおいしいを作ってきた
相棒を紹介していただきました。

「ル・クルーゼ」の鍋

（高橋みどりさん）

小ぶりな鋳物鍋をいくつか愛用しています。白い「ル・クルーゼ」の鍋は、料理の色がきれいに見えて、鍋ごと食卓に出せるので便利です。鋳物鍋は密閉度が高く熱伝導もよいので、ごはん炊き、煮込み、天ぷらにと重宝しています。

「有次」のやっとこ鍋

（ワタナベマキさん）

15年ほど前に購入した京都「有次」のアルミ製のやっとこ鍋です。取っ手がないので、持ち上げる時は専用のやっとこばさみを使用。入れ子式で収納場所は取らないし、ごく少量の調理にもスムーズに対応できて、とにかく便利。

アンティークの銅鍋

（福田春美さん）

４～５年前に骨董屋さんで見つけて購入しました。銅製で熱伝導率が高く、お湯がすばやく沸くので便利。せいろをのせて蒸し料理を作ったり、何かをゆでたりする時に活躍します。注ぎ口がついているところも使い勝手がいい。

厚手のステンレス鍋

（坂井より子さん）

30年以上使っている愛用のシリーズで、長く使いすぎてメーカー名もわからないくらい（笑）。厚手だから煮込み料理にも向いているし、毎日のみそ汁にも使えて重宝。焦げや汚れがつきにくく、鍋のふちが広がっているので、重ねて収納できるのもお気に入り。

山本忠正さんの炊飯土鍋

（山﨑瑞弥さん）

朝は圧力鍋で炊飯が定番ですが、娘が土鍋ごはんを好むので、夜は時々、土鍋で炊飯します。使ってよかったので、割れてしまった時のメンタルを考慮して色違いのスペアも購入しました。これは2合炊きですが、３合炊きも所有。

「ビタクラフト」の無水鍋

（藤原奈緒さん）

カレー、ソース、ラタトゥイユ、煮豚。どんな料理も失敗しないで作れる安心感があります。最初は店で使っていたのですが、あまりに使いやすいので自宅用にもらいました（笑）。重くないことと、洗いやすいことも重要です。

山﨑瑞弥さんの「夫が料理をしてくれる台所」

日本の食を支えるのは、今も昔もやはり米。
江戸時代から続く米農家の6代目として、
農薬をなるべく使わずにコシヒカリを作る家族がいます。
「お米農家やまざき」の山﨑宏さん、瑞弥さん夫妻。
ふたりの子どもを育てながら、田んぼの仕事に力を注ぐ。
仕事もプライベートも共に過ごす夫婦は、
家事も役割分担をしながら行うことで
バランスを取っていることがわかりました。

山﨑瑞弥《みずや》

米農家。茨城県と埼玉県の2か所で、農薬や化学肥料をほとんど使わない米作りを行っている。収穫した米は「ひなたの粒」と名付けられ、夫婦が立ち上げたWebサイトで直接販売するほか、全国各地の食料品店、カフェ、ギャラリーなどでの取り扱いも。自他ともに認める台所道具好きで、料理家や陶芸家らとの親交も深い。著書に『お米やま家のまんぷくごはん』(主婦と生活社)がある。夫と中学生の息子、小学生の娘との4人暮らし。

台所をお母さんの聖域にしない

山﨑夫妻が新居を建てることになった11年前。当時、妻の瑞弥さんが何よりも希望していたのは、1階の半分のスペースを占める「大きな台所」でした。台所を中心に家族が集い、暮らす。しかしその憧れは、実際の生活を想像してプランニングを進めるなかで、少しずつ変化していったといいます。

「田んぼの農作業だけでもクタクタなのに、帰宅後はパソコンを使った事務作業、その合間に家事をして子どもの世話もすると考えたら、私の理想の台所では大変すぎると思ったんです。素敵だけど、今の私には合っていない。もっとコンパクトで効率よく動ける台所の方が、向こう20年くらいの自分には必要なんじゃないか、って。それでスペースをかなり縮小しました。その後、娘が生まれて生活はさらにバタバタ。今となっては『小さな台所』にしておいてよか

右_かっぱ橋で購入したガラスの米びつは中身が見えるので便利／**左上**_おにぎりに使う塩は数種類を使い分け／**左下**_シンク横には生ごみ用の蓋付き容器を。

ったと思っています」

それまでは炊事の一切を瑞弥さんが担当していましたが、新居に引っ越すにあたり、仕組み自体を変えることを提案。設計の段階から「夫も妻も家事がしやすい」ことを念頭に置き、家の造りを決めていきました。ふたり並んで立っても作業がしやすいものの配置や動線、シンクの高さ、通路の幅。「あれはどこ？」と聞かれることなく作業ができるよう、収納のシステムにも工夫を凝らします。

「当時、息子はまだ2歳。私は慣れない子育てでヘトヘトでした。家事に手が回らないからついイライラするし、そうすると子どもは余計に泣く。さらに家族の空気が悪くなる、という負のループから抜け出す方法が全然わからなかった。それで、台所をお母さんの聖域にしないようにしようと決めたんです。『このままじゃ好きな料理が嫌いになる。一緒にやって！』と夫に伝えました」

補い合い、フォローし合える関係に

とはいえ、すぐにうまくいったわけではありません。宏さんは結婚するまでひとり暮らしをした経験がなく、実家では「男子厨房に入らず」の生活をしていたそう。瑞弥さんが何を求めているのかがわからず、何度も衝突しながら試行錯誤を繰り返す日々だったといいます。

「油は冷えると固まるからフライパンは熱いうちに洗うんだ、とか、そういうことを本当にひとつひとつ教えていったんです。料理を好きになってもらうためには、作るもののイメージを持てるようになることが大事だと考えて、まずは一緒にスーパーに買い物に行くところから始めました。言われたことをやるだけでは夫の自主性が育たないので、買い物から任せるようにしたら、徐々に楽しくなってきたようです」

「私がやった方が早い」という言葉が口をついて出そうになったことも、一度や二度ではない

といいます。でもそんな気持ちには早々に蓋をして、とにかくあきらめずに伝え続けてきました。その甲斐あって、ここ数年で宏さんの料理の腕がぐんと上がったそう。

「1日の終わりに家族で一緒にテレビを見たり、人生ゲームやトランプをしたり。夫にも家事をしてもらうことで、そういう楽しみの時間が増えました。今はうまくコミュニケーションが取れている実感があります。得意な方が得意なことをやって、足りないところはお互いに補い合う。なんでも平等にしたいわけじゃなくて、フォローし合える関係でいたいんですよね。それは家事だけじゃなくて、仕事も同じ。田んぼの作業は宏がリーダー、私はお客様とのやりとりや販売対応をしっかりやる。それが日々機嫌よく、みんなでおいしくごはんが食べられる暮らしに繋がっていると思うんです」

盛大に軽口を叩きつつ、笑顔で作業を続けるふたり。瑞弥さん、大きな台所は老後の楽しみに取っておくそうです。

私の台所
マイルール

1 朝と晩、圧力鍋でごはんを炊く

洗った米を水に浸した「浸水米」は冷蔵庫で3日ほど保存可能。使う時は、一度水を切ってから新しい水で炊く。

「わが家の朝食は必ず白いごはん。毎朝、圧力鍋で炊いています」という瑞弥さん。圧力鍋を使うのは米をあらかじめ浸水させておく必要がなく、加熱時間もわずか5分と手軽なため。炊飯担当はその日によって違うそうですが、炊き上がってごはんを蒸らす10分ほどの間に、汁物とおかずを作るのは宏さんの役目です。

「朝起きたらまずお湯を沸かして洗濯機を回し、米をといで炊飯をスタートします。圧力鍋を火にかけたら、白湯を飲みながら夫婦で今日の段取りを打ち合わせ。わずかなひと時ですが、その時間がすごく大事なんです」

朝に3合炊いたごはんは、朝食と長男の弁当に。残ればラップに包んで冷凍ごはんを作っておきます。これが小腹が空いた時のおむすびやチャーハンになるので、切らさないようにしているそう。田植えや稲刈りなど、田んぼで作業をする時季は夫婦も弁当を持参するため、朝から5合を炊く日もあるといいます。

「夕食もやっぱり炊きたてを食べたいので、また新たに3合炊きます。だから1日に炊くのは6〜8合。休日は1升を超える日もありますね（笑）」

自宅で精米した白米と分づき米は広口のガラス瓶に入れ、直射日光の当たらない場所で保管。「圧力鍋でなく土鍋でごはんを炊きたい」という日のために、米を洗って水を切ってから、保存容器に入れて水に浸した「浸水米」も冷蔵庫に常備しています。

2
給食用のバットを活用

シンク、作業台、コンロが並ぶ調理スペースの背面にある収納スペース。台所を造作する際に瑞弥さんが出したオーダーは「作り付けの引き出しは最小限に、ベースは扉のないオープンな棚」というものでした。この場所で活躍しているのが、古道具屋で購入した給食用のバット。すりこぎや巻き簾など、湿気を避けて乾燥させつつ収納したいものは蓋なしタイプに、スパイスなどのにおいが強いものは蓋付きタイプに入れ、棚の奥行きを有効活用しています。

「ここに入っているのは、今、頻繁に使うもの。ハマっている料理に使う食材、その季節だけ使う道具などを保管しています。取っ手で簡単に引き出せるので、出し入れがスムーズで便利なんです」

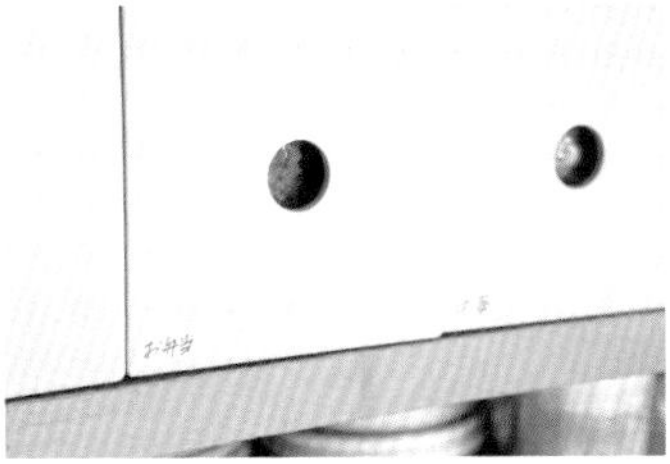

3 書類ケースに分類して収納

　給食用のバットを入れた棚の上方には、カウンターを挟んで、観音開きの扉が付いた収納棚があります。ここにずらりと並んでいるのが、中身がラベリングされた「無印良品」の書類ケース。中華食材が入った「中華」、出汁用の乾物や調味料が入った「出汁」といったこまごまとした食品のほか、弁当箱や弁当に使うおかずカップ、ブレンダーなどの道具が入っています。どこに何があるかがひと目でわかる上、見た目もすっきりとしてなんとも使いやすそう。

「ストックを入れておくスペースが広すぎると、在庫の数が見えにくい。重複して買ってしまったり、賞味期限切れになったりするのを防ぐために、このやり方で管理するようになりました」

4 コードレス掃除機を台所に

シンク横の壁にかかった「マキタ」のコードレス掃除機は、なんと台所専用。リビングなど、ほかの居室を掃除する家庭用掃除機とは別で用意をしています。

「子どもが食べこぼしを自分で掃除できるようにと考え、この場所に引っかけておくことにしたんです。そうしたらこれが大正解。『ほら、またこぼして！』と怒る間にもう吸い終わっているんですよ（笑）。ごみだけでなく怒りまで吸い取ってくれるので一石二鳥だし、調理中でも気軽にサッと掃除ができるので、子どもだけでなく私たちも助かっています」

誰もが使いやすいようにという視点で台所を見る。瑞弥さんの発見と工夫が、家族の暮らしに心地よさをもたらしています。

5 油汚れはウエスでサッと拭く

夫に台所の後片付けを任せたら、コンロまわりが油汚れでベタベタ。冷めて固まった油は掃除に余計手間がかかるのに、とがっかりした経験を持つ方も多いかもしれません。瑞弥さんもかつてはそのひとりでした。そこで考えたのが「台所にウエスを置く」こと。

「こまめに拭き掃除ができるよう、サイズアウトした子ども服を切って作ったウエスを用意するようになりました。『無印良品』のプラスチックの3段引き出しを掃除道具入れにして、洗剤と一緒に収納しています」

ところが、ウエスを置いていても、宏さんより瑞弥さんの方が汚れが気になる様子。宏さんが調理中に汚してしまったのを見つけたら、即座に拭いてきれいに。

6 酸素系漂白剤で殺菌＆消毒

山﨑家が愛用する食器用の水切りカゴは、京都の職人さんが作ったステンレス製の金網タイプ。専用の水受け、小物用の水切りとともにシンクの横で使われています。お手入れは酸素系漂白剤（過炭酸ナトリウム）を使った殺菌＆消毒で、これは瑞弥さんがやることが多いそう。洗面ボウルにお湯を張って漂白剤を溶かし、その中に1時間ほどつけ込みます。

「酸素系漂白剤は、洗濯機の掃除などにも使うものと兼用に。普段はウエスなどと一緒に掃除道具入れの中に入れています。水切りカゴの掃除は汚れが気になった時にやることにしていて、頻度は月に1度くらい。ステンレスがピカピカになると気持ちがいいし、洗い物もはかどるんです」

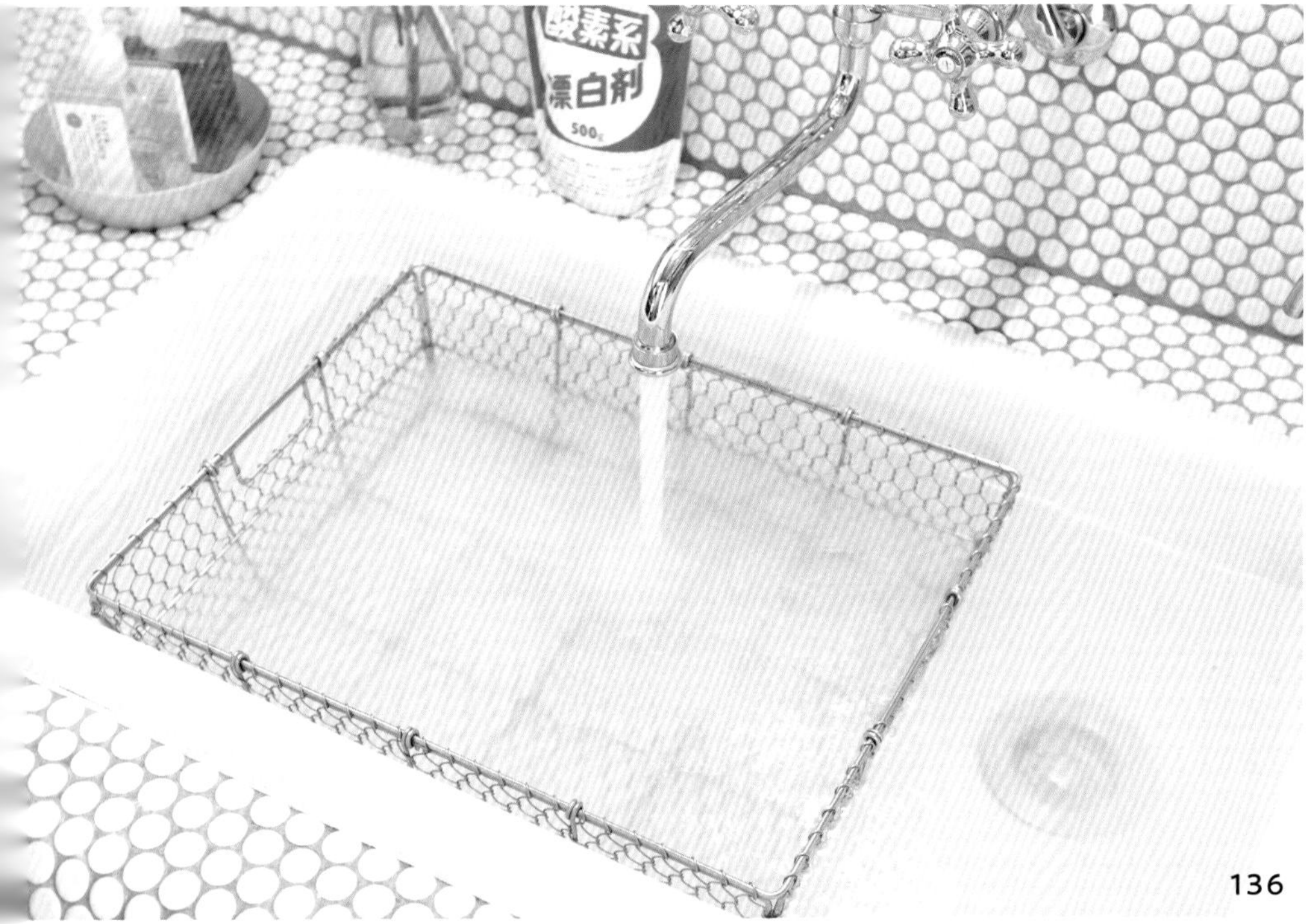

7 自然素材はしっかり乾燥させる

シンクの上に渡されたステンレスパイプの棚。上にはざるや鍋が並び、S字フックがいくつもぶら下がっています。ここが山﨑家のキッチンの要ともいえる「乾かし場」。自然素材の台所道具を愛する瑞弥さんにとって、湿気は大敵です。木の器、竹のざる、手ぬぐいなど、しっかりと乾燥させたいものはとにかくここに吊るして乾くまで置いておき、それからしまうことを徹底しているそう。金属製のカゴやハンガーなどもうまく使い、さまざまな大きさや形のものが干せるよう工夫しています。

棚は大工さんに頼んで造作してもらったもので、耐荷重はかなりあるのだとか。雑貨屋さんのディスプレイのようで、見た目もすっきりしています。

左＿土ものの食器は、水気を拭いた後にしっかり乾燥させる。深さのあるカゴに空間を空けるように重ねて。

右上＿ぬか漬けはジッパー付きの保存袋で作ると少量で作れて扱いやすいのでおすすめ。自家製みそは3年くらい熟成させた濃厚な味／**左上**＿作った日付や梅の種類、塩の品種まで細かく記載された梅干し。娘さんが作ったものもあるそう／**左下**＿パイナップルやキウイなど、果物を同量の氷砂糖とスパイス（カルダモン、クローブ、八角など好みで）で漬けたもの。パイナップルはのどが痛い時にお湯割りで。塩をひとつまみ入れて水で割れば自家製スポーツドリンクに。

8 保存食を作る

梅干しに梅ジュース、果物を使ったシロップ、ぬか漬け、酒粕で蓋をして仕込むみそなど、山﨑家では保存食作りが年中行事。特に梅干しと梅ジュースは毎年それぞれ15キロを仕込むほど、一家の食卓に欠かせないものだといいます。台所の前にずらりと並ぶ「セラーメイト」の瓶はすべて梅の保存食。「全部を同じ味にはしないんです。梅干しなら瓶によって少しずつ塩の量を調整してみたり、梅ジュースなら黒砂糖やはちみつなど甘味料の種類を変えてスパイスを加えるなど、いろいろな種類を作るのが楽しいんですよね。6月に梅仕事の日を決めて、家族総出の1日仕事。暑い真夏の田んぼ作業には、クエン酸たっぷりの梅ジュースが一番なんです」

9 梅酢を料理に使う

　梅干しを漬けた後のお楽しみといえば、自家製の梅酢が手に入ること。これをさまざまな料理に活用しています。代表的なのはドレッシング。器に盛った生野菜に梅酢とオリーブオイル（ごま油でも可）をかけるだけ。混ぜると分離してしまうからだそうですが、各々が好きな量をかけられるので味の調整がしやすく、子どもたちからも好評だそう。

　もう一品は鶏肉を梅酢と梅酢の半量の水に漬け込んで焼いたソテーで、これはささみでもむね肉でもOK。身がしっとりと柔らかくなってくさみが消え、塩味もほどよく付きます。漬ける時間は長すぎると身が固くなるため、1時間を目安に。油をひいたフライパンで焼くだけの簡単メニューです。

10 夫を料理上手にする

得意料理は「天ぷら」という宏さん。えび、れんこん、さやいんげん、にんじん、かぼちゃと、彩りよくカラッと揚がった天ぷらは家族みんなの大好物です。手早く衣を作っては次々と揚げていく、その手際のよさに驚きました。結婚前には台所に立ったことすらなかったというエピソードが、どうにも信じられないくらい。

「天ぷらは加熱・調理時間が短いから簡単だという夫。その発想は私にはなかったのでびっくりしつつ、考え方に納得しました。今や食事の献立は完全に夫に丸投げで、私は栄養バランスを考えてちょっと意見を言うくらい。給食と夕食のおかずが丸かぶりなんてことも以前はよくあったんですが、今は学校の献立表を見てから夕飯に何

を作るか決めていますね」

笑顔でそう教えてくれた瑞弥さんにはこの10年、宏さんに対して心がけてきたことが3つあります。それは「ありがとう」を伝えること。「あれがおいしかったからまた食べたいな」とリクエストすること。そして、もっとこうしてほしいという要望を、いいづらくてもきちんということ。

「気を使っていわない、傷つけるからいえないなんてことを繰り返していても、事態はよくならないですよね。そもそも夫に料理をしてもらうのは、お互いがラクになるため。だったら軽くいい合える雰囲気をつくることが大事じゃないかなって。『なんで3日続けてなすみそ炒めなの！』とか(笑)、日頃からどんどん伝えています」

共通コラム

キッチンのごみ箱

台所を気持ちよく清潔に使うために、
ごみの捨て方は重要な課題。
ごみ箱の選び方と使い方、そして置き場所。
それぞれの工夫に納得です。

木箱の中に紙箱を入れて

（高橋みどりさん）

蓋付きの古い木箱の中に、ごみ袋を設置した紙箱を入れて使っています。生ごみはポリ袋にまとめてここへ。毎日こまめに処分できるのは、マンションでいつでもごみが捨てられるおかげ。少なく出す努力をしていきたいです。

可動式をふたつ並べて

（坂井より子さん）

勝手口のそばに可動式のごみ箱をふたつ置き、燃えるごみ用とプラスチック用で分けています。生ごみは１日分をまとめて水気を切り、袋を二重にして庭のごみ箱へ。かさを減らすよう、ポリ袋は小さく結んで捨てるなど工夫しています。

ごみ袋をＳ字フックにかけて

（福田春美さん）

台所にごみ箱は置いていません。生ごみはアルマイトざるに集めて水気を切り、新聞紙に包んでからバイオマスの袋へ。台所の定位置から動かずに捨てられるよう、ワゴンのちょうどよい場所にＳ字フックで袋を引っかけて使っています。

四角形の足踏み式

（山﨑瑞弥さん）

手がふさがっていても捨てやすい足踏み式を選びました。丸型はスペースのロスが多いので、四角形のものを。生ごみは水気を切ってほうろうの蓋付き容器に入れ、庭のコンポストに。これを堆肥にして、野菜を育てる肥料として使います。

蓋ができる色違いのバケツ

（藤原奈緒さん）

シンク下のスペースがごみ箱置き場。色違いのバケツを３つ置いて、ごみの分別をしています。白（右）は缶と瓶、濃いグレー（左）の大きい方はプラスチック。燃えるごみはためたくないので、手前の小さい方へ入れて、こまめに捨てます。

金属のカゴとプラスチックボックス

（ワタナベマキさん）

料理中の生ごみはひとまずボウルに集め、シンク内の備え付けディスポーザー（生ごみ粉砕機）を利用。紙ごみは金属のカゴに、プラスチックごみはプラスチックボックスに入れ、その日のうちにマンションのごみ置き場に持っていきます。

デザイン
渡部浩美

撮影
公文美和

取材
片田理恵

校正
安久都淳子

編集
広谷綾子

機嫌よくいられる台所

家事をラクにするためのマイルール

2021年4月20日　第1版発行

発行者　　関口 聡
発行所　　一般社団法人　家の光協会
〒162-8448　東京都新宿区市谷船河原町11
電話　03-3266-9029（販売）
　　　03-3266-9028（編集）
振替　00150-1-4724

印刷・製本　図書印刷株式会社

乱丁・落丁本はお取り替えいたします。
定価はカバーに表示してあります。

ISBN978-4-259-56687-6　C0077